Omas Kartoffelküche

Omas Kartoffelküche

Lieblingsgerichte aus der guten alten Zeit

riva

Calle

Inhalt

Calle

Für euch

Liebe Leser und Kochbegeisterte, verzeihen Sie mir bitte, dass ich Sie in meiner Widmung gleich geduzt habe. Doch die Sprache in den Küchen dieser Welt ist im Allgemeinen eher rau und es wird fast überall geduzt. Es sei denn, der Auszubildende spricht seinen Küchenchef an, dann sollte er wirklich beim Sie bleiben. Aber da wir uns hier alle auf einer Ebene der Hierarchie befinden, möchte ich Ihnen heute das Du anbieten und in der Hoffnung auf Ihr Einverständnis, damit fortfahren.

Dieses Buch mit Kartoffelrezepten ist nun schon mein fünftes für den riva Verlag und ich habe mich riesig gefreut, über dieses Thema schreiben zu dürfen. So bin ich doch in einem Kartoffelanbaugebiet geboren und in der Restaurantküche meiner Großmutter und der allgegenwärtigen Kartoffel geprägt worden. An dieser Stelle möchte ich erwähnen, dass mein Vater während seiner Wanderjahre als Koch ebenfalls in Paris arbeitete und auch von dort so einige Kartoffelspezialitäten in Omas Küche mitbrachte.

So fand ich schon damals den Zugang zu all den Klassikern, auch aus der französischen Küche oder zu exotischen Gerichten, welche von so manchem Koch in Omas Küche zubereitet wurden.

Im Alten Land, welches deutlich feuchter ist und tiefer liegt als der sandige Geestrücken, schmücken sie sich zu Recht mit den wunderschönen Apfel- und Kirschbäumen, gerade zur Blütezeit. Wir dagegen freuen uns im Spätsommer über im Wind wogende Getreidefelder und die großen Kartoffeläcker. Als Kind habe ich es geliebt, wenn auf diesen Feldern das Kartoffelkraut verbrannt wurde. Das war für mich der Duft von Heimat. Und eben dieses Gefühl von Heimat steckt für mich auch in der Kartoffel.

Unvergessen, wie meine Oma Annelis (ohne »e«, wie sie nicht müde wurde zu betonen) mit ihrem bunten Kittel auf unserer Terrasse saß, eine große Schüssel noch warme Pellkartoffeln auf dem Schoß, diese geduldig pellte und uns beim Spielen zusah. Oma wurde fast 100 Jahre alt und hörte sich auch später unsere kleinen Sorgen und Nöte an, war immer für uns da und pellte noch Kartoffeln.

Kartoffeln waren allgegenwärtig, immer und überall.

Dass diese wunderbare Knolle viel mehr kann, als nur als Salzkartoffel oder Bratkartoffel zu dienen, habe ich erst in meiner Lehre und in den verschiedenen Küchen und Stationen als Koch erfahren.

Tauchen wir nun also ein in die vielseitige Welt der Kartoffelrezepte.

Und ich muss euch, liebe Leser, gleich um Entschuldigung bitten: Vermutlich wird es euch stören, dass fast jedes Rezept damit beginnt, die Kartoffeln zu waschen, gegebenenfalls zu schälen und wieder zu waschen. Aber mir ist die Hygiene äußerst wichtig und im Erdboden stecken eben viele Dinge, die wir in der Küche nicht brauchen können.

Calle

Kartoffel-suppen

In unserem Restaurant spielte die Kartoffel eine große Rolle. Täglich wurden Unmengen davon geschält und gekocht. Übrig gebliebene Kartoffeln fanden am nächsten Tag Verwendung in einer leckeren Kartoffelsuppe. Doch die Suppe aus frisch gekochten Kartoffeln wie in diesem Rezept schmeckt noch deutlich besser.

Kartoffelcremesuppe

ZUTATEN FÜR 4 PERSONEN:

500 g mehligkochende Kartoffeln
3 kleine Zwiebeln
1 Suppengrün
½ Bund Petersilie
3 EL Pflanzenöl
Salz und Pfeffer
frisch geriebene Muskatnuss
1 l Gemüsebrühe
1 Lorbeerblatt
1 Gewürznelke

Die Kartoffeln waschen, schälen und nochmals waschen. Dann grob würfeln und in eine Schüssel legen. So viel Wasser zugießen, dass sie damit bedeckt sind.

Die Zwiebeln schälen und in Würfel schneiden.

Die Karotten und den Sellerie aus dem Suppengrün nehmen, schälen und würfeln. Den Lauch waschen und klein schneiden.

Die Petersilie waschen, trocken schleudern und fein hacken.

Öl in einem Topf erhitzen und die Zwiebeln darin glasig anschwitzen. Anschließend Karotte und Sellerie dazugeben. Mit Salz und Pfeffer würzen.

Die Kartoffeln durch ein Sieb abgießen und mit dem Lauch zufügen und ebenfalls etwas anbraten. Mit Muskatnuss würzen, dann die Brühe zugießen.

Lorbeerblatt und Nelke in ein Teeei geben und in den Topf legen. Suppe ca. 1 Stunde köcheln lassen.

Das Teeei wieder entfernen und die Suppe mit einem Stabmixer pürieren.

Mit gehackter Petersilie garniert servieren.

TIPP:
Mit einem kräftigen Schluck Sahne wird die Suppe noch deutlich cremiger.

Bei uns gab es dieses Gericht immer in sehr großen Löwenkopf-Terrinen. Voll mit der leckeren und bunten Kartoffelsuppe und obendrauf etwas Kohlwurst. Gegessen wurde mit allen Mitarbeitern in der Kellner-Ecke, an einem großen Tisch. Dieser Eintopf erwärmt nicht nur in Schleswig-Holstein den Magen und die Seele.

Holsteiner Kartoffelsuppe

ZUTATEN FÜR 4 PERSONEN:

600 g festkochende Kartoffeln
1 Suppengrün
2 EL Pflanzenöl
Salz und Pfeffer
1 l Gemüsebrühe
½ Bund Petersilie
4 Mettenden (Kohlwürste)
frisch geriebene Muskatnuss

Die Kartoffeln waschen, schälen und nochmals waschen. Dann in gleichmäßige Würfel schneiden und in eine Schüssel legen. So viel Wasser zugießen, dass sie damit bedeckt sind.

Vom Suppengrün den Lauch waschen und die Karotten und den Sellerie schälen. Alles in gleichmäßige Würfel schneiden.

Öl in einem Topf erhitzen und zuerst Sellerie und Karotten darin anschwitzen.

Währenddessen Kartoffeln durch ein Sieb abgießen. Sobald die Gemüsewürfel im Topf etwas Glanz erhalten, Lauch und Kartoffeln dazugeben und etwas anbraten. Mit Salz und Pfeffer würzen.

Die Brühe zugießen und Suppe so lange köcheln lassen, bis das Gemüse und die Kartoffeln gar sind. Das dauert etwa 30 Minuten.

Währenddessen die Petersilie waschen, trocken schleudern und fein hacken.

Die Mettenden in die Suppe geben und alles weitere 10 Minuten köcheln lassen.

Mit frisch geriebener Muskatnuss abschmecken.

Petersilie über die Suppe streuen und diese sofort servieren.

Mit diesem Rezept komme ich nun zum ersten Mal weg von zu Hause. Meine geliebte Oma konnte ziemlich stur sein: Was sie nicht kannte, wollte sie auch nicht probieren. Erst viel später fand die orange Knolle Einzug in mein Elternhaus.

Süßkartoffelsuppe mit Kokosmilch

ZUTATEN FÜR 4 PERSONEN:
400 g Süßkartoffeln
2 Zwiebeln
2 Knoblauchzehen
2 Karotten
1 Peperoni
50 g Ingwer
2 EL Pflanzenöl
Salz und Pfeffer
400 ml Gemüsebrühe
400 ml Kokosmilch

Die Süßkartoffeln waschen, schälen, nochmals waschen und würfeln.

Die Zwiebeln und den Knoblauch schälen und in feine Würfel schneiden.

Die Karotten ebenfalls schälen, putzen und klein würfeln.

Die Peperoni putzen und waschen, den Ingwer schälen und beides in Würfel schneiden.

Öl in einem Topf erhitzen und das gesamte Gemüse bis auf die Süßkartoffeln darin etwas anschwitzen. Mit Salz und Pfeffer würzen.

Wenn das Gemüse glasig ist, die Süßkartoffeln dazugeben und ebenfalls anschwitzen.

Brühe und Kokosmilch zugießen, Suppe einmal aufkochen lassen und dann bei geringer Hitze 20 Minuten köcheln lassen.

Suppe mit einem Stabmixer pürieren und mit Salz und Pfeffer abschmecken.

Kartoffel-salate

Mit diesem Kartoffelsalat verbinde ich Erinnerungen an meine ersten Partys. Es war gute Sitte, immer etwas zu essen mitzubringen. Beliebt waren Nudelsalat und Schichtsalate, Frikadellen und Käseigel. Dank meiner Oma konnte ich diesen wunderbaren bunten Kartoffelsalat beisteuern. Denn der war wirklich einzigartig!

Bunter Kartoffelsalat

ZUTATEN FÜR 4 PERSONEN:

600 g festkochende Kartoffeln
Salz
200 ml Gemüsebrühe
6 EL Obstessig
4 EL Pflanzenöl
½ TL Pfeffer
1 EL Senf
1 EL Zucker
1 Zwiebel
1 Bund Frühlingszwiebeln
1 Bund Radieschen
etwas Petersilie

Kartoffeln gut waschen und in einem Topf mit kochendem Wasser und etwas Salz gar kochen.

Die Pellkartoffeln dann möglichst heiß pellen (so geht es leichter) und danach abkühlen lassen.

Brühe, Essig, Öl, etwas Salz, Pfeffer, Senf und Zucker in einen Topf geben, verrühren und aufkochen lassen.

Die Zwiebel schälen, fein würfeln und ebenfalls in die Salatsoße geben.

Die Soße noch einmal abschmecken, sie sollte deutlich überwürzt und etwas zu sauer sein, denn die Kartoffeln nehmen später viel Geschmack auf.

Die kalten Kartoffeln in gleichmäßige Scheiben schneiden, in eine Schüssel geben und mit der Soße übergießen. Vorsichtig vermengen und am besten über Nacht ziehen lassen.

Die Frühlingszwiebeln und die Radieschen putzen und waschen. Frühlingszwiebeln in Ringe und Radieschen in Scheiben schneiden, vorsichtig unter den Kartoffelsalat heben.

Die Petersilie waschen, trocken schleudern und fein hacken. Den Salat damit garnieren.

Wenn die Stinte die Elbe zum Laichen heraufzogen, war es Zeit für diesen Salat. Und der war Chefsache. Oma übernahm das Regiment. Der große Unterschied zu meinem Rezept ist, dass meine Oma ausschließlich Wasser für die Soße verwendete – jedoch so kräftig gewürzt, dass ich beim Probieren immer husten musste.

Speck-Kartoffel-Salat

ZUTATEN FÜR 4 PERSONEN:

800 g festkochende Kartoffeln
Salz
200 g durchwachsener Speck
1 Zwiebel
2 EL Pflanzenöl
Pfeffer
1 TL Senf
80 ml Obstessig
300 ml Gemüsebrühe
1 Prise Zucker

Kartoffeln gut waschen und in einem Topf mit kochendem Wasser und etwas Salz gar kochen.

Die Pellkartoffeln dann möglichst heiß pellen (so geht es leichter) und danach abkühlen lassen.

Den Speck fein würfeln.

Die kalten Kartoffeln in gleichmäßige, nicht zu dünne Scheiben schneiden und in eine Schüssel geben.

Die Zwiebel schälen und in feine Würfel schneiden. Öl in einem Topf erhitzen und Zwiebel darin glasig anschwitzen. Mit Salz und Pfeffer würzen. Senf einrühren und mit dem Essig ablöschen.

Die Brühe zugießen, den Zucker dazugeben und Salatsoße aufkochen lassen. Die Soße sollte etwas zu sauer und überwürzt sein, denn die Kartoffeln nehmen sehr viel Geschmack weg.

Den gewürfelten Speck in einer Pfanne ohne Fett knusprig braten. Achtung: Nicht verbrennen lassen.

Die heiße Soße und den Speck zu den Kartoffelscheiben geben. Alles vorsichtig vermengen. Salat etwas ziehen lassen und lauwarm servieren.

TIPP:
Der Kartoffelsalat schmeckt am besten, wenn er über Nacht im Kühlschrank ziehen kann. Am nächsten Tag dann wieder erwärmen und lauwarm servieren.

Frisch zum Küchenmeister befördert, hatte ich mit bester Rinderbrühe meine Pellkartoffeln übergossen und über Nacht ins Kühlhaus gestellt. Als ich am nächsten Morgen in die Küche kam, war Oma gerade dabei, diesen ekligen gelierten Kram, wie sie sagte, lauwarm abzuwaschen. Da war ich wirklich sauer.

Kartoffelsalat mit Mayonnaise und Ei

ZUTATEN FÜR 4 PERSONEN:

800 g festkochende Kartoffeln
Salz
4 Eier
3 mittelgroße Gewürzgurken
1 Zwiebel
2 EL Pflanzenöl
Pfeffer
1 TL Senf
80 ml Obstessig
300 ml Gemüsebrühe
1 Prise Zucker
150 g Mayonnaise

Kartoffeln gut waschen und in einem Topf mit kochendem Wasser und etwas Salz gar kochen.

Die Pellkartoffeln dann möglichst heiß pellen (so geht es leichter) und danach abkühlen lassen.

Die Eier in einem Topf mit Wasser 7 Minuten kochen, dann herausnehmen, mit kaltem Wasser abschrecken und pellen.

Die Gurken der Länge nach vierteln und in gleichmäßige Stücke schneiden. Die kalten Kartoffeln in nicht zu dünne, aber gleichmäßige Scheiben schneiden und in eine Schüssel legen.

Die Zwiebel schälen und in feine Würfel schneiden. Öl in einem Topf erhitzen und Zwiebel darin glasig anschwitzen. Mit Salz und Pfeffer würzen. Senf einrühren und mit dem Essig ablöschen.

Die Brühe zugießen, den Zucker dazugeben und Salatsoße aufkochen lassen. Die Soße sollte etwas zu sauer und überwürzt sein, denn die Kartoffeln nehmen sehr viel Geschmack weg.

Die heiße Soße über die Kartoffelscheiben gießen und alles vorsichtig vermengen. Den Salat am besten über Nacht im Kühlschrank ziehen lassen und erst am nächsten Tag fertigstellen.

Dazu die Mayonnaise und die Gurken unter den Salat heben. Die wachsweichen Eier achteln, zum Salat geben und kurz untermischen.

Mir ist es wichtig, möglichst saisonal zu kochen. Wenn Spargel, Erdbeeren oder Grünkohl Saison haben, schmecken sie einfach am besten. Und genauso ist es im Sommer mit den Pfifferlingen. In diesem Rezept geben sie dem warm servierten Kartoffelsalat eine unglaublich feine Note.

Kartoffel-Pfifferling-Salat

ZUTATEN FÜR 4 PERSONEN:

500 g festkochende Kartoffeln
Salz
300 g frische Pfifferlinge
100 g durchwachsener Speck
½ Bund Schnittlauch
1 Zwiebel
2 EL Pflanzenöl
Pfeffer
300 ml Gemüsebrühe
1 TL Senf
80 ml Obstessig

Kartoffeln gut waschen und in einem Topf mit kochendem Wasser und etwas Salz gar kochen.

Die Pellkartoffeln dann möglichst heiß pellen (so geht es leichter) und danach abkühlen lassen.

Die Pfifferlinge putzen, kurz im Wasser spülen und abtropfen lassen. Große Pfifferlinge etwas klein schneiden. Den Speck klein würfeln, Schnittlauch waschen, trocken schleudern und in feine Röllchen schneiden.

Die kalten Kartoffeln in nicht zu dünne, aber gleichmäßige Scheiben schneiden und in eine Schüssel geben.

Die Zwiebel schälen und in Würfel schneiden. Öl in einem Topf erhitzen und Zwiebel darin glasig anschwitzen. Den gewürfelten Speck dazugeben und auslassen.

Nun die Pfifferlinge zufügen, mit Salz und Pfeffer würzen und gar braten. Wenn sich beim Braten der Pfifferlinge Feuchtigkeit im Topf bildet, diese komplett verdampfen lassen.

Die Pfifferlinge aus dem Topf nehmen und beiseitestellen.

Den Topf mit der Brühe füllen, Senf und Essig einrühren und Salatsoße aufkochen lassen. Die Soße sollte etwas zu sauer und überwürzt sein, denn die Kartoffeln nehmen sehr viel Geschmack weg.

Die heiße Soße und die Pilze zu den Kartoffelscheiben geben. Alles vorsichtig vermengen und 1 Stunde ziehen lassen. Salat warm und mit Schnittlauch garniert servieren.

TIPP:

Bitte dieses Rezept unbedingt mit frischen Pfifferlingen zubereiten, denn die verleihen dem Salat einen unvergleichlichen Geschmack.

Wie kommt dieser Salat in die Rezeptsammlung? Ich finde, er hat es verdient. Denn er ist ein wirklicher Salatklassiker und meine Oma hat ihn geliebt!.Eine Warnung allerdings vorneweg: Unterschätzt die Zeit nicht, die ihr dafür braucht. Doch die Gäste werden begeistert sein und deren Respekt ist euch sicher.

Nizzaer Salat

ZUTATEN FÜR 4 PERSONEN:

6 festkochende Kartoffeln
Salz
½ Bund Petersilie
1 Knoblauchzehe
2 Sardellenfilets
1 TL Dijon-Senf
3 EL weißer Balsamico
3 EL Olivenöl
Pfeffer
200 g grüne Bohnen
3 Eier
2 Römersalatherzen
1 Dose Thunfisch in Öl
3 Tomaten
4 Artischockenherzen
1 rote Paprikaschote
1 rote Zwiebel
16 Oliven ohne Kern
3 EL Kapern

Kartoffeln gut waschen und in einem Topf mit kochendem Wasser und etwas Salz gar kochen.

Die Pellkartoffeln dann möglichst heiß pellen (so geht es leichter) und danach abkühlen lassen.

Die Petersilie waschen, trocken schleudern und grob hacken.

Für das Dressing den Knoblauch schälen, grob schneiden und zusammen mit Sardellenfilets, Senf, Balsamico, Olivenöl, Salz, Pfeffer und der Petersilie in einen Messbecher geben und mit einem Stabmixer pürieren.

Die Kartoffeln in längliche Spalten schneiden und in einer Schüssel mit der Hälfte des Dressings vermischen.

Die Bohnen putzen, waschen und 5 Minuten in einem Topf mit leicht gesalzenem Wasser kochen. In ein Sieb abgießen, kalt abschrecken und abtropfen lassen. In einer Schüssel mit dem restlichen Dressing vermischen.

Die Eier in einem Topf mit Wasser in 7 Minuten wachsweich kochen. Herausnehmen, mit kaltem Wasser abschrecken, pellen, in Scheiben schneiden und beiseitestellen.

Die Salatherzen putzen, die Blätter waschen und trocken schleudern.

Den Thunfisch in einem Sieb abtropfen lassen. Die Tomaten waschen und in Scheiben schneiden. Artischockenherzen abtropfen lassen und in Streifen schneiden. Paprika putzen, waschen, Zwiebel schälen und beides in Streifen schneiden.

Zum Servieren den Salat auf einer großen Platte anrichten. Dazu die Salatblätter rundherum auf der Platte verteilen. Kartoffeln abtropfen lassen und in die Mitte des Salates setzen. Die Bohnen ebenfalls abtropfen lassen und mit den Zwiebeln auf den Salatblättern verteilen.

Tomaten und Paprika ebenfalls dazugeben. Danach die Artischocken daraufsetzen. Eier, Oliven, Kapern und Thunfisch schön auf dem Salat anrichten.

Zum Schluss das abgetropfte Dressing über den Salat träufeln.

TIPP:
Salat am besten mit frischem Baguette servieren.

Die blaue französische Trüffelkartoffel lässt sich nur äußerst mühevoll schälen und sollte nur als Pellkartoffel gekocht werden, da sie sonst ähnlich wie Rote Bete ausblutet. Trotzdem möchte ich euch diesen Salat ans Herz legen, denn er fällt durch seine violettblaue Farbe auf jedem Büfett auf und ist wirklich schmackhaft.

Blauer Kartoffelsalat

ZUTATEN FÜR 4 PERSONEN:

600 g Blaue Kartoffeln
Salz
1 rote Zwiebel
50 ml Olivenöl
50 ml weißer Balsamico
2 EL Honig
Pfeffer
50 g Rucola
100 g Feta

Die Blauen Kartoffeln gut waschen und in einem Topf mit kochendem Wasser und etwas Salz gar kochen. Die Pellkartoffeln dann möglichst heiß pellen (so geht es leichter) und danach abkühlen lassen.

Die Zwiebel schälen und in kleine Würfel schneiden.

Olivenöl, Balsamico, Honig, Zwiebel, Salz und Pfeffer in eine Salatschüssel geben und gut verrühren.

Die kalten Kartoffeln in gleichmäßige Scheiben schneiden. Da die Kartoffeln wenig Stärke enthalten, etwas dickere Scheiben schneiden, damit sie nicht zu schnell zerbrechen.

Kartoffeln zum Dressing geben, vorsichtig vermischen und Salat mindestens 1 Stunde ziehen lassen.

Rucola waschen, trocken schleudern und große Blätter etwas kleiner schneiden. Den Rucola vorsichtig unter den Kartoffelsalat heben.

Den Feta mit der Hand zerkrümeln und über den Salat streuen.

Kartoffelbeilagen

Ich bin mir tatsächlich nicht sicher, ob sich außer in Fachbüchern in anderen Kochbüchern Rezepte für gekochte Kartoffeln finden lassen. Sicher bin ich mir aber, dass ihr schon oft Salzkartoffeln zubereitet habt. Und doch kommt jetzt dieses Rezept, weil es durch seine Einfachheit besticht und deshalb perfekt sein sollte.

Petersilien-Kartoffeln

ZUTATEN FÜR 4 PERSONEN:

800 g festkochende Kartoffeln
Salz
½ Bund Petersilie
50 g Butter

Die Kartoffeln waschen, schälen und nochmals waschen. Dann in möglichst gleich große Stücke schneiden. Kartoffeln mit etwas Salz in einen Topf mit kochendem Wasser geben und gar kochen.

Beim Aufkochen den auftretenden Schaum abschöpfen, da sich dieser sonst nach dem Abgießen auf den Kartoffeln absetzt und das nicht hübsch aussieht.

Währenddessen die Petersilie waschen, trocken schleudern und fein hacken.

Wenn die Kartoffeln fertig sind, das Wasser abgießen und die Kartoffeln im Topf auf der ausgeschalteten Herdplatte etwas ausdampfen lassen.

Die Butter in einem zweiten Topf schmelzen, die gehackte Petersilie dazugeben und die gekochten Kartoffeln vorsichtig darin schwenken. Dann als Beilage servieren.

TIPP:
Da die Salz- bzw. Petersilienkartoffeln die einfachste Kartoffelbeilage darstellen, sollten die Kartoffeln besonders gleichmäßig und hübsch aussehen. Deshalb werden in der feinen Restaurantküche diese Kartoffeln mit einem kleinen Messer in Form gebracht. Das nennt man tournieren.

15
20
25

Für eine große Gesellschaft wurden unzählige Kartoffeltaler benötigt, alle perfekt gleich. Doch die Küchenhilfe hatte eine andere Vorstellung von Gleichmäßigkeit. Oma stapelte erzürnt alle Bleche mit den Talern übereinander, drückte sie zusammen und bat höflich um erneute Zubereitung.

Kartoffeltaler mit frischen Kräutern

ZUTATEN FÜR 4 PERSONEN:

800 g mehligkochende Kartoffeln
Salz
½ Bund Petersilie
½ Bund Schnittlauch
etwas frisch geriebene Muskatnuss
2 EL Speisestärke
2 Eier
Pfeffer
Mehl für die Arbeitsfläche
Pflanzenöl zum Braten

Die Kartoffeln waschen, schälen und nochmals waschen. Dann Kartoffeln mit etwas Salz in einen Topf mit kochendem Wasser geben und gar kochen.

In der Zwischenzeit die Petersilie waschen, trocken schleudern, die Blätter abzupfen und klein hacken. (Petersilienstiele einfrieren und für eine Brühe verwenden.)

Schnittlauch waschen, trocken schleudern und in feine Röllchen schneiden.

Das Wasser aus dem Topf mit den Kartoffeln abgießen und diese auf der ausgeschalteten Herdplatte noch etwas ausdampfen lassen, sodass keine Flüssigkeit im Topf verbleibt.

Die Kartoffeln mit etwas Muskatnuss würzen und mit dem Gemüsestampfer stampfen.

Stärke, Petersilie, Schnittlauch, Salz, Pfeffer und Eier hinzugeben und alles zu einem glatten Teig verrühren. Sollte der Teig sich zu feucht anfühlen und an den Händen kleben, noch etwas Stärke einarbeiten.

Den Teig auf der bemehlten Arbeitsfläche zu einer 5 cm dicken Rolle formen und diese in etwa 2 cm dicke Scheiben schneiden. Das Öl in einer Pfanne erhitzen und die Taler darin portionsweise von beiden Seiten langsam goldgelb braten.

Seien wir mal ehrlich: Die meisten Bratkartoffeln in deutschen Küchen werden wohl aus übrig gebliebenen Salzkartoffeln vom Vortag gemacht. Eine bessere Resteverwertung kann es kaum geben. Aber wenn Bratkartoffeln so richtig gut, ich meine wirklich lecker werden sollen, dann bereite ich sie wie in diesem Rezept aus frischen Pellkartoffeln zu.

Bratkartoffeln

ZUTATEN FÜR 4 PERSONEN:

250 g festkochende Kartoffeln
Salz
1 Zwiebel
150 g durchwachsener Speck
etwas Schnittlauch
3 EL Pflanzenöl
Pfeffer

Kartoffeln gut waschen und in einem Topf mit kochendem Wasser und etwas Salz gar kochen.

Die Pellkartoffeln dann möglichst heiß pellen (so geht es leichter) und danach abkühlen lassen.

Die Zwiebel schälen und in kleine Würfel schneiden.

Den Speck fein würfeln.

Schnittlauch waschen, trocken schleudern und in feine Röllchen schneiden.

Die kalten Kartoffeln in nicht zu dünne, aber gleichmäßige Scheiben schneiden.

In einer großen, flachen und ebenen Bratpfanne das Öl erhitzen. Kartoffelscheiben möglichst nicht überlappend in die Pfanne geben, damit alle Scheiben gleichmäßig braun werden. Mit Salz und Pfeffer würzen.

Scheiben von beiden Seiten knusprig braun braten, erst dann den Speck dazugeben und mitbraten.

Ist alles gleichmäßig braun und knusprig, die Zwiebeln dazugeben und kurz mitbraten. Achtung: Die Zwiebeln verbrennen recht schnell.

Bratkartoffeln möglichst ohne Bratfett auf Tellern anrichten und mit etwas Schnittlauch garnieren.

TIPP:
Für das Braten von Bratkartoffeln ist eine schwere Pfanne mit dickem Boden von Vorteil. Sie speichert die Hitze besser, sodass die Bratkartoffeln knuspriger werden.

In jungen Jahren bin ich gernmit meinen Großeltern zum Skilaufen ins Zillertal gefahren und habe mich jeden Abend auf das Essen im Hotel gefreut. Und so lernte ich sie kennen, die feinen Schupfnudeln aus Kartoffeln. Sie sind den italienischen Gnocchi nicht unähnlich und eignen sich gut als Beilage für Braten.

Schupfnudeln

ZUTATEN FÜR 4 PERSONEN:

800 g mehligkochende Kartoffeln
Salz
½ Bund Petersilie
125 g Mehl + mehr für die Arbeitsfläche
1 Ei
50 g Hartweizengrieß
2 EL Speisestärke
frisch geriebene Muskatnuss
Butter zum Braten
Pfeffer

Die Kartoffeln waschen, schälen und nochmals waschen. Dann mit etwas Salz in einen Topf mit kochendem Wasser geben und gar kochen.

Petersilie waschen, trocken schleudern und fein hacken.

Das Wasser aus dem Topf mit den Kartoffeln abgießen und diese auf dem ausgeschalteten Herd etwas ausdampfen lassen.

Die Kartoffeln mit einer Kartoffelpresse in eine Schüssel pressen. Mehl, Ei, Grieß, Speisestärke, Muskatnuss sowie Salz und Pfeffer dazugeben und gut verrühren, bis ein glatter Teig entsteht.

In einem Topf leicht gesalzenes Wasser zum Kochen bringen und aus dem Teig eine Schupfnudel zur Probe machen, um zu sehen, ob der Teig fest genug ist und im Wasser zusammenhält. Ansonsten noch etwas Mehl in den Teig einarbeiten.

Den Teig dritteln. Jede Portion auf einer leicht bemehlten Fläche zu einer langen Wurst rollen (ca. 1 cm Durchmesser). Die Rollen in ca. 2 cm lange Stücken schneiden. Aus den Stücken Schupfnudeln formen, die an den Enden deutlich dünner werden.

Die Schupfnudeln in das kochende Wasser geben. Wenn sie nach oben schwimmen, noch kurz ziehen lassen, dann mit einem Schaumlöffel herausnehmen und abtropfen lassen.

Butter in einer Pfanne erhitzen und die Schupfnudeln darin rundum goldgelb braten.

Mit Pfeffer und Petersilie bestreuen, noch einmal kurz durchschwenken und servieren.

Die Klöße sollten immer noch etwas im Kochwasser ziehen, bevor sie serviert werden. Ich rate euch dringend, vor dem Abdrehen der Knödel eine kleine Probe allein zu kochen. So sieht man, ob man noch mit Speisestärke nachbessern muss. Denn für eine Kartoffelsuppe nehmt ihr lieber das passende Rezept.

Kartoffelklöße

ZUTATEN FÜR 4 PERSONEN:

800 g mehligkochende Kartoffeln
Salz
50 g Butter
80 g Speisestärke
2 Eigelbe
frisch geriebene Muskatnuss

Kartoffeln gut waschen und in einem Topf mit kochendem Wasser und etwas Salz gar kochen.

Währenddessen den Backofen auf 130 °C Umluft vorheizen.

Die Pellkartoffeln dann möglichst heiß pellen (so geht es leichter), halbieren, auf ein Blech legen und im Backofen 20 Minuten ausdampfen lassen.

Die Butter in einem Topf zerlassen.

Die Kartoffeln mit einer Kartoffelpresse in eine Schüssel pressen. Speisestärke, Butter, Eigelbe, etwas Salz und Muskatnuss dazugeben und alles zu einem Teig verarbeiten. Dabei nicht zu viel kneten, damit die Kartoffelmasse nicht zäh wird. Sollte die Masse zu feucht sein und an den Händen kleben, einfach noch etwas Stärke hinzufügen.

Aus der Masse 8 gleichmäßige Knödel formen.

In einem Topf Salzwasser zum Kochen bringen. Die Hitze etwas reduzieren und die Knödel in das leicht siedende Wasser geben. Wenn die Knödel oben schwimmen, den Topf vom Herd nehmen und Knödel noch kurz ziehen lassen.

Durch die Zugabe von roher geriebener Kartoffel bekommt der ganze Kloß eine deutlich interessantere Struktur als der glatte Kloß aus dem vorherigen Rezept. Aber über Geschmack lässt sich ja vortrefflich streiten. Unbestritten ist jedenfalls, dass das Kloßrezept der Heimat und der Vorfahren immer das Beste ist.

Kartoffelklöße »halb und halb«

ZUTATEN FÜR 4 PERSONEN:
800 g mehligkochende Kartoffeln
Salz
4 EL Speisestärke
1 Ei
frisch geriebene Muskatnuss
Füllung nach Belieben

Die Hälfte der Kartoffeln gut waschen und in einem Topf mit kochendem Wasser und etwas Salz gar kochen. Währenddessen den Backofen auf 130 °C Umluft vorheizen.

Die Pellkartoffeln dann möglichst heiß pellen, halbieren, auf ein Blech legen und im Backofen 20 Minuten ausdampfen lassen. Anschließend Kartoffeln mit einer Kartoffelpresse in eine Schüssel pressen.

Die restlichen ungekochten Kartoffeln waschen, schälen und noch mal waschen. Mit einer feinen Reibe in eine Schüssel reiben und leicht salzen.

Die geriebenen Kartoffeln in ein sauberes Geschirrtuch geben und gut ausdrücken. Dabei das austretende Kartoffelwasser in einer Schüssel aufheben und stehen lassen, sodass sich die Kartoffelstärke absetzen kann.

Die beiden Kartoffelmassen miteinander vermengen. Das Wasser der Kartoffelstärke abgießen und die so gewonnene Kartoffelstärke mit Speisestärke, Ei, Muskatnuss und Salz zur Kartoffelmasse geben.

In einem Topf Salzwasser zum Kochen bringen. Mit einer kleinen Menge Teig eine Kochprobe machen, um zu überprüfen, ob die Masse zusammenhält. Sonst noch etwas Stärke einarbeiten.

Nun die Hände anfeuchten und 8 gleichmäßige Klöße formen.

Die Temperatur des Herdes etwas reduzieren und die Klöße in leicht siedendem Salzwasser köcheln lassen, bis sie nach oben schwimmen.

TIPP:
Beim Formen können die Klöße nach Belieben gefüllt werden, zum Beispiel mit gerösteten Brotwürfeln oder mit einer Pilzfüllung.
Wer möchte, kann in einem Topf Butter zum Schmelzen bringen, gehackte Petersilie und Semmelbrösel darin rösten und beim Servieren die Butter über die Klöße träufeln.

Unser Koch aus Meran bei Bozen, der liebe Ernst, konnte wie kein Zweiter Gnocchi zaubern. Erstaunlich war, dass er nie etwas abwog. Er mengte einfach alles flott zusammen, rollte den Teig, gab den Gnocchi mit einer Gabel ihr spezielles Muster, und schon wurden diese Köstlichkeiten in brauner Butter gebraten.

Gnocchi

ZUTATEN FÜR 4 PERSONEN:

800 g mehligkochende Kartoffeln
Salz
130 g Mehl + mehr für die Arbeitsfläche
1 Ei
1 Eigelb
130 g Hartweizengrieß
Butter zum Braten
Salbeiblätter oder Tomatensugo nach Belieben

Kartoffeln mit etwas Salz in einen Topf mit kochendem Wasser geben und gar kochen. Währenddessen den Backofen auf 140 °C Umluft vorheizen.

Die gekochten Kartoffeln aus dem Topf nehmen, mit einer Gabel mehrmals anstechen und auf ein Backblech legen. Im Backofen 20 Minuten ausdampfen lassen. Danach noch heiß pellen und mit einer Kartoffelpresse auf die bemehlte Arbeitsplatte pressen.

Mehl, Ei, Eigelb und Grieß dazugeben und alles zu einem glatten Teig verarbeiten. Nicht zu viel kneten, damit die Gnocchi später nicht zu fest werden.

Den Teig dritteln und jede Portion auf einer leicht bemehlten Fläche zu einer langen Wurst rollen (ca. 2 cm im Durchmesser). Die Rollen in ca. 2 cm lange Stücke schneiden. Mit einer Gabel oder einem Gnocchibrett das typische Rillenmuster in die rundlichen Teigstücke drücken.

In einem Topf leicht gesalzenes Wasser zum Kochen bringen und ein Stück zur Probe hineingeben, um zu sehen, ob der Teig im Wasser zusammenhält. Wenn nicht, noch etwas Grieß einarbeiten.

Gnocchi im gesalzenen Wasser köcheln lassen, bis sie oben schwimmen.Währenddessen Butter in einer Pfanne schmelzen. Gnocchi mit einem Schaumlöffel aus dem Topf heben, abtropfen lassen und dann in der Butter leicht anbraten.

Wer mag, gibt noch etwas frischen Salbei in die Butter oder Tomatensugo dazu.

TIPP:

Wer eine stabile Kartoffelpresse zu Hause hat, kann einfach die ungepellten Kartoffeln durchdrücken. Das Großartige dabei ist, dass die Kartoffelschale in der Presse bleibt. So spart man sich das Pellen der heißen Kartoffeln.

Zu Ostern gab es bei uns frisches Lamm mit Rosmarin-Kartoffeln aus dem Backofen. Am besten sind sie, wenn die Drillinge zum Ende der Backzeit deutliche Blasen bekommen. Dann sind sie schön knusprig und im Inneren wunderbar cremig.

Rosmarin-Kartoffeln

ZUTATEN FÜR 4 PERSONEN:
800 g Drillinge
2 Knoblauchzehen
2 Zweige Rosmarin
3 EL Olivenöl
Salz und Pfeffer

Den Backofen auf 180 °C Umluft vorheizen.

Die kleinen Kartoffeln gründlich waschen, längs halbieren und in eine Schüssel geben.

Den Knoblauch schälen und in Würfel schneiden.

Den Rosmarin waschen, trocken tupfen und die Nadeln von den Zweigen zupfen. Zusammen mit dem Knoblauch fein hacken und zu den Kartoffeln geben.

Das Olivenöl zufügen, alles kräftig mit Salz und Pfeffer würzen und vermischen. Kartoffeln locker auf einem mit Backpapier belegten Backblech verteilen und 50 Minuten im Ofen backen. Dabei nach der Hälfte der Zeit einmal durchrühren. Die Kartoffeln sollen eine gleichmäßige braune Farbe und leichte Blasen bekommen (soufflieren).

TIPP:
Die Rosmarin-Kartoffeln passen gut zu allem Gegrillten und besonders zu Lammgerichten.

FRESH &
HOMEMAD
RECIPE

Püree-Kartoffeln

Bei uns zu Hause gab es oft Kartoffelpüree. Es war ein Bestandteil von Großmutters Restaurantküche. Dort wurden die Kartoffeln mit einem riesigen Kartoffelstampfer gestampft. Ich habe als Kind immer gedacht, dass niemand auf dieser Erde mehr Kraft haben kann als unser Koch damals.

Kartoffelpüree

ZUTATEN FÜR 4 PERSONEN:

800 g mehligkochende Kartoffeln
Salz
100 ml Milch
80 g Butter
frisch geriebene Muskatnuss
Salz und Pfeffer

Die Kartoffeln waschen, schälen und nochmals waschen. Dann in einem Topf mit kochendem Wasser und etwas Salz gar kochen.

Währenddessen die Milch mit der Butter und etwas Muskatnuss in einem zweiten Topf erwärmen.

Das Wasser aus dem Topf mit den Kartoffeln abgießen und diese auf der ausgeschalteten Herdplatte etwas ausdampfen lassen.

Die gekochten Kartoffeln mit einer Kartoffelpresse in einen Topf pressen und mit der warmen Milchmischung übergießen und mit Salz und Pfeffer abschmecken. Schnell und gründlich verrühren.

TIPP:
Das Kartoffelpüree sollte möglichst kurz gerührt werden, damit es locker bleibt.

Bei uns aßen alle gern geräucherten Fisch. Ob Heilbutt, Forelle oder Aal, sie waren besonders lecker, wenn sie vor dem Verzehr etwas erwärmt wurden. So ließ sich auch die Haut besser abziehen und das Raucharoma kam besser zur Geltung. Als Beilage gab es ohne Ausnahme immer dieses Lauchpüree.

Kartoffel-Frühlingszwiebel-Püree

ZUTATEN FÜR 4 PERSONEN:

800 g mehligkochende Kartoffeln
Salz
1 Zwiebel
1 Bund Frühlingszwiebeln
80 g Butter
Pfeffer
frisch geriebene Muskatnuss
100 ml Milch

Die Kartoffeln waschen, schälen und nochmals waschen. Dann in einem Topf mit kochendem Wasser und etwas Salz gar kochen.

Die Zwiebel schälen und in kleine Würfel schneiden.

Frühlingszwiebeln putzen, waschen und in feine Ringe schneiden.

Die Butter in einem zweiten Topf schmelzen und Zwiebel und Frühlingszwiebeln darin anschwitzen. Mit Salz, Pfeffer und etwas Muskat würzen und die Milch zugießen.

Das Wasser aus dem Topf mit den Kartoffeln abgießen und diese auf der ausgeschalteten Herdplatte etwas ausdampfen lassen.

Die gekochten Kartoffeln mit einer Kartoffelpresse in einen Topf pressen und mit der warmen Milchmischung übergießen. Schnell und gründlich verrühren.

TIPP:
Das Püree kann auch mit Blumenkohl oder grünen Erbsen abgewandelt werden. Und wer es gern etwas würziger mag, kann Wasabi dazugeben.

Püreeliebhaber sollten dieses Rezept unbedingt einmal ausprobieren. Die Süßkartoffel bekommt durch die Zutaten eine leicht asiatische Note und so passt das Püree hervorragend zu Garnelen, gebratenen Fischgerichten oder Hähnchen und Schwein vom Grill. Und als i-Tüpfelchen gibt es danach etwas gebratene Ananas.

Süßkartoffelstampf

ZUTATEN FÜR 4 PERSONEN:

800 g Süßkartoffeln
10 g Ingwer
2 Knoblauchzehen
1 Peperoni
10 g Zitronengras
2 EL Sesamöl
100 ml Kokosmilch
Salz und Pfeffer

Die Süßkartoffeln waschen, schälen, nochmals waschen und in Würfel schneiden.

Den Ingwer und Knoblauch schälen. Peperoni putzen und waschen. Ingwer, Knoblauch, Peperoni und Zitronengras sehr fein hacken.

Das Sesamöl in einem Topf erhitzen und die gehackten Zutaten darin kurz anschwitzen. Die Süßkartoffeln dazugeben und die Kokosmilch zugießen. Mit Salz und Pfeffer würzen und alles 20 Minuten zugedeckt köcheln lassen.

Sind die Kartoffeln gar, mit einem Kartoffelstampfer im Topf stampfen und dabei alles verrühren.

Unser Fachkundelehrer Herr Roog hat uns in der Berufsfachschule und gerade bei den klassischen Kartoffelspeisen hart rangenommen. Und das prägt. Viele dieser traditionellen Gerichte sind leider in Vergessenheit geraten oder schlicht unmodern geworden. Einer dieser Klassiker ist die feine Herzoginkartoffel.

Herzoginkartoffeln »Pommes duchesse«

ZUTATEN FÜR 4 PERSONEN:

800 g mehligkochende Kartoffeln
Salz
3 Eier
frisch geriebene Muskatnuss

Die Kartoffeln waschen, schälen und nochmals waschen. Dann in einem Topf mit kochendem Wasser und etwas Salz gar kochen.

Den Backofen auf 220 °C Ober-/Unterhitze vorheizen.
Das Wasser aus dem Topf mit den Kartoffeln abgießen und diese auf der ausgeschalteten Herdplatte abdampfen lassen, sodass keine Flüssigkeit im Topf verbleibt.

Die Eier trennen.

Die noch heißen Kartoffeln mit einer Kartoffelpresse in eine Schüssel pressen. Sofort die Eigelbe und Muskatnuss dazugeben und schnell vermengen.

Die möglichst heiße Kartoffelmasse in einen Spritzbeutel mit großer Sterntülle füllen. Auf ein mit Backpapier belegtes Backblech Rosetten spritzen. Dabei zuerst einen runden Boden bilden und dann mit einer spiralförmigen Bewegung nach oben gehen. Der Durchmesser des Bodens beträgt ca. 3–4 cm.

Das Eiweiß in einer Schüssel mit einem Pinsel verrühren und die Herzoginkartoffeln damit bestreichen. Dann in 4–6 Minuten im Ofen goldgelb backen.

TIPP:
Die Herzoginkartoffel ist die feinste Püreekartoffel und besonders schön, wenn die einzelnen Rosetten ganz gleichmäßig sind.

Diese wunderbaren Kartoffelrollen, aus einer Duchessemasse gemacht, haben also Verwandtschaft mit der Herzoginkartoffel. Und paniert mit Mandelblättchen werden sie noch feiner. Der Geschmack ist dann natürlich um Welten besser als bei der gekauften Variante.

Kartoffel-Kroketten »Croquettes de pommes de terre«

ZUTATEN FÜR 4 PERSONEN:

800 g mehligkochende Kartoffeln
Salz
3 Eier
frisch geriebene Muskatnuss
100 g Mehl + mehr für die Arbeitsfläche
100 g Paniermehl
Pflanzenöl zum Frittieren

Die Kartoffeln waschen, schälen und nochmals waschen. Dann in einem Topf mit kochendem Wasser und etwas Salz gar kochen.

Das Wasser aus dem Topf mit den Kartoffeln abgießen und diese auf der ausgeschalteten Herdplatte abdampfen lassen, sodass keine Flüssigkeit im Topf verbleibt.

Die Eier trennen.

Die noch heißen Kartoffeln mit einer Kartoffelpresse in eine Schüssel pressen. Sofort die Eigelbe und etwas Muskatnuss dazugeben und alles schnell vermengen.

Die möglichst heiße Kartoffelmasse in einen Spritzbeutel ohne Tülle füllen. Nun möglichst lange Würste auf die leicht bemehlte Küchenarbeitsplatte pressen. Diese dann in ca. 4 cm lange Stücke schneiden.

Wer keinen Spritzbeutel hat, kann die Würste auch mit der Hand formen.

Das Eiweiß in einer Schüssel mit etwas Wasser glatt rühren.

Mehl auf einen Teller streuen und Paniermehl auf einem zweiten Teller verteilen. Die Kroketten erst im Mehl, dann im Eiweiß und schließlich in dem Paniermehl wenden.

Das Frittieröl in einem Topf auf ca. 170 °C erwärmen und die Kroketten darin knusprig und goldgelb ausbacken.

TIPP:
Die richtige Temperatur des Frittierfettes lässt sich einfach mit einem Holzlöffel bestimmen. Taucht man den hölzernen Stiel ins Fett und es zeigen sich kleine Blasen am Holz, ist die Temperatur genau richtig.

Ich möchte euch dieses Rezept unbedingt ans Herz legen und hoffe, dass es wieder häufiger auf die Speisekarten kommt. Die Zubereitung ist sehr einfach und das Staunen der Gäste garantiert. Als Beilage zu Gerichten mit etwas Soße ist diese Kartoffel sehr fein.

Kartoffel-Krapfen »Pommes dauphine«

ZUTATEN FÜR 4 PERSONEN:

750 g mehligkochende Kartoffeln
Salz
1/4 l Wasser
50 g Butter
200 g Mehl
4 Eier
frisch geriebene Muskatnuss
weißer Pfeffer
1 TL Backpulver
Pflanzenöl zum Frittieren

Die Kartoffeln waschen, schälen und nochmals waschen. Dann in einem Topf mit kochendem Wasser und etwas Salz gar kochen.

In der Zwischenzeit das Wasser und die Butter in einen Topf geben und zum Kochen bringen.

Sobald die Butter geschmolzen ist, das Mehl zufügen. So lange rühren, bis eine homogene Masse entstanden ist und sich vom Topfboden löst. Durch das »Abbrennen« vom Topfboden entsteht der Brandteig.

Den Teig in eine Schüssel umfüllen und etwas abkühlen lassen. Anschließend ein Ei nach dem anderen dazugeben und verrühren. Achtung: die Eier einzeln dazugeben und verrühren, sonst verbindet sich der Teig nicht so gut.

Das Wasser aus dem Topf mit den Kartoffeln abgießen und diese auf der ausgeschalteten Herdplatte etwas ausdampfen lassen. Dann mit einer Kartoffelpresse direkt auf den Brandteig pressen. Jetzt noch nicht umrühren, erst Muskatnuss, Salz und weißen Pfeffer und Backpulver dazugeben. Dann alles zu einem glatten Teig verarbeiten.

Das Frittieröl in einem Topf auf ca. 170 °C erwärmen. Mit zwei Esslöffeln oder mit der Hand Krapfen aus dem Teig formen, in das heiße Öl geben und goldgelb frittieren.

TIPP:
Die richtige Temperatur des Frittierfettes lässt sich einfach mit einem Holzlöffel bestimmen. Taucht man den hölzernen Stiel ins Fett und es zeigen sich kleine Blasen am Holz, ist die Temperatur genau richtig.

Die Muffins lassen sich wunderbar vorbereiten und sehen schön aus, was gerade Gäste begeistert. Meine Oma erkannte sofort, dass dieses Rezept auch eine wunderbare Möglichkeit bietet, um übriggebliebene Kartoffeln zu verarbeiten.

Kartoffel-Muffins

ZUTATEN FÜR 4 PERSONEN:

1 kg mehligkochende Kartoffeln
Salz
5 Eier
50 g Butter
frisch geriebene Muskatnuss
Pfeffer
Fett für die Form

Die Kartoffeln waschen, schälen und nochmals waschen. Dann in einem Topf mit kochendem Wasser und etwas Salz gar kochen.

Währenddessen den Backofen auf 180 °C Umluft vorheizen. Das Wasser aus dem Topf mit den Kartoffeln abgießen und diese auf der ausgeschalteten Herdplatte ausdampfen lassen.

Die Eier trennen.

Die Kartoffeln mit einer Kartoffelpresse in eine Schüssel pressen. Butter, Muskatnuss, Salz, Pfeffer und die Eigelbe dazugeben und vermengen.

Das Eiweiß in einer Schüssel mit dem Handrührgerät steif schlagen und unter die Kartoffelmasse heben.

Die Mulden einer Muffinform einfetten und die Kartoffelmasse hineinfüllen. Muffins 30 Minuten im Ofen backen. Aus dem Ofen nehmen, aus der Form stürzen und heiß servieren.

TIPP:
Besonders schön sehen die Muffins aus, wenn sie in Silikonformen mit Röschenmuster gebacken werden.

Kartoffel-aufläufe

Schmudkartoffeln wurden bei uns gerne zu Fisch serviert und schmecken immer besser, je länger sie im Backofen stehen. Deshalb wurde der größte Bräter gleich morgens um 9 Uhr mit 10 kg Kartoffeln gefüllt und kam in den Ofen, um dann für die ersten Gäste bereit zu sein. Am allerbesten ist die Kruste am Rand des Bräters.

Schmudkartoffeln

ZUTATEN FÜR 4 PERSONEN:

800 g mehligkochende Kartoffeln
1 Zwiebel
125 g durchwachsener Speck
Fett für die Form
Salz und Pfeffer
1 l Gemüsebrühe
4 Thymianzweige

Den Backofen auf 180 °C Umluft vorheizen.

Die Kartoffeln waschen, schälen und nochmals waschen. In eine Schüssel geben, mit Wasser bedecken und beiseitestellen.

Die Zwiebel schälen und in kleine Würfel schneiden.

Den Speck fein würfeln und in einer Pfanne ohne Fett anschwitzen.

Die Zwiebelwürfel dazugeben und ebenfalls anschwitzen.

Die Kartoffeln aus der Schüssel nehmen, halbieren und in feine Scheiben schneiden. Dann in einer gefetteten Auflaufform verteilen. Speck und Zwiebeln darübergeben. Mit wenig Salz und Pfeffer würzen.

Die Gemüsebrühe angießen und ein wenig verrühren.

Thymianzweige dazugeben und etwas in die Brühe drücken, damit sie im Ofen nicht verbrennen.

Auflauf 60 Minuten im Ofen schmoren.

TIPP:
Nach 40 Minuten den Thymian entfernen und einmal locker umrühren.

Eine weitere perfekte Art, übrig gebliebene Salzkartoffeln zu verarbeiten, sind diese herrlich cremigen Béchamel-Kartoffeln. Bei Oma blieb der Auflauf so lange im Ofen, bis er auch ohne Käse appetitlich braun war. Als Beilage zu Braten oder einfach nur mit frischem Gemüse noch heute ein tolles Gericht.

Béchamel-Kartoffeln

ZUTATEN FÜR 4 PERSONEN:

800 g mehligkochende Kartoffeln
Salz
25 g Butter
30 g Mehl
500 ml Milch
Pfeffer
frisch geriebene Muskatnuss
Fett für die Form
200 g geriebener Emmentaler

Kartoffeln gut waschen und in einem Topf mit kochendem Wasser und etwas Salz gar kochen.

Die Pellkartoffeln dann möglichst heiß pellen (so geht es leichter) und danach abkühlen lassen.

Den Backofen auf 180 °C Umluft vorheizen.

Die Butter in einem Topf schmelzen, das Mehl dazugeben, kräftig verrühren und anschwitzen. Schluckweise die Milch zugießen und dabei ständig weiterrühren, bis die Soße andickt. Tipp: Da die Béchamelsoße zuerst sehr dick ist, empfiehlt sich zunächst ein Holzlöffel und erst später ein Schneebesen zum Rühren.

Die fertige Béchamelsoße etwas köcheln lassen und mit Salz, Pfeffer und Muskat abschmecken.

Die kalten Kartoffeln in nicht zu dünne, aber gleichmäßige Scheiben schneiden und in eine gefettete Auflaufform legen. Mit der Béchamelsoße begießen und alles etwas verrühren.

Den Auflauf mit geriebenem Käse bestreuen und in ca. 25 Minuten im Ofen goldgelb backen. Dabei darauf achten, dass der Käse nicht verbrennt.

Noch so ein französischer Klassiker: Kartoffelgratin! Es gibt wohl kein Kartoffelgericht, das auf Brunch-Büfetts dieser Welt öfter vorkommt. Und das hat seinen Grund. Es lässt sich wunderbar vorbereiten und im Ofen warmhalten oder durch die Zugabe von Gemüse oder Pilzen variieren.

Kartoffelgratin »Gratin dauphinois«

ZUTATEN FÜR 4 PERSONEN:

800 g mehligkochende Kartoffeln
2 Knoblauchzehen
1 kleine Zwiebel
50 g Butter
400 ml Sahne
frisch geriebene Muskatnuss
Salz und Pfeffer
Fett für die Form
80 g geriebener Parmesan

Den Backofen auf 180 °C Umluft vorheizen.

Die Kartoffeln waschen, schälen und nochmals waschen. Die geschälten Kartoffeln in möglichst feine Scheiben schneiden. Das geht am besten, wenn die Kartoffeln erst halbiert werden. So liegen sie gut beim Schneiden.

Knoblauch und Zwiebel schälen und klein würfeln.

Butter in einem Topf schmelzen und den Knoblauch darin anschwitzen, aber nicht braun werden lassen.

Kurz darauf die Zwiebel dazugeben und ebenfalls anschwitzen.

Sahne angießen und einmal aufkochen lassen. Mit Muskatnuss, Salz und Pfeffer würzen. Dabei mehr Salz und Pfeffer als gewöhnlich verwenden, da die Kartoffeln sehr viel Geschmack wegnehmen. Die Soße leicht köcheln lassen.

Währenddessen die Kartoffelscheiben gleichmäßig in einer gefetteten ofenfesten Form verteilen. Die Sahnesoße darübergießen, alles etwas durchmischen und glatt streichen.

Gratin 50 Minuten in den Ofen stellen. Dann mit Käse bestreuen und weitere 10 Minuten backen.

Kartoffel-klassiker

Wenn es Reibekuchen – meine Oma nannte sie Kartoffelpuffer – gab, war Wettkampftag. Denn das ist ein Gericht, bei dem sich viele gern rühmen, die meisten gegessen zu haben. Das Bauchweh gehört dazu und ist ein Teil des Ruhmes.

Reibekuchen

ZUTATEN FÜR 4 PERSONEN:

1 kg vorwiegend festkochende Kartoffeln
1 Zwiebel
Salz
2 Eier
weißer Pfeffer
frisch geriebene Muskatnuss
100 ml Pflanzenöl

Die Kartoffeln waschen, schälen und nochmals waschen. Dann mit einer sehr feinen Reibe in eine Schüssel reiben. Wer eine Küchenmaschine hat, kann gern diese benutzen.

Die Zwiebel schälen und zu den Kartoffeln reiben. Die Masse leicht salzen, verrühren und 10 Minuten abgedeckt stehen lassen.

Dann in ein Geschirrtuch geben und etwas ausdrücken. Das stärkehaltige Wasser dabei in einer weiteren Schüssel auffangen und zur Seite stellen.

Die Masse wieder in die ursprüngliche Schüssel geben, die Eier einrühren und alles mit Salz, Pfeffer und Muskatnuss würzen. In der Schüssel mit dem Kartoffelwasser sollte sich die Kartoffelstärke am Boden abgesetzt haben. Das Wasser vorsichtig abgießen und die Kartoffelstärke zur Masse geben und einarbeiten.

Den Boden einer ebenen und möglichst großen Pfanne 3 mm hoch mit Pflanzenöl bedecken und dieses erhitzen.

Den Herd auf mittlere Temperatur einstellen und mit einer Schöpfkelle etwas von der Masse als kleine flache Reibekuchen ins Fett geben. Mit der Rückseite der Kelle möglichst gleichmäßig und flach formen.

Nach etwa 8–10 Minuten ist die Unterseite goldbraun und knusprig, dann Reibekuchen wenden. Die zweite Seite ebenfalls 8–10 Minuten braten.

Die fertigen Reibekuchen auf einem Küchenpapier abtropfen lassen.

TIPP:

Die Reibekuchen schmecken besonders gut mit etwas Frischkäse und einer Scheibe Räucherlachs oder einfach mit Apfelmus. Die Reibekuchen können im Ofen bei 60 °C Umluft warm gehalten werden, während die anderen in der Pfanne backen.

Beim Schreiben dieses Rezeptes musste ich schmunzeln. Denn wenn Oma diese verschrumpelten und mit einer Salzkruste überzogenen Kartoffeln gesehen hätte, wäre ihr einziger Kommentar wohl »bäh« gewesen. Dabei ist dieses Gericht in der spanischen Küche ein echter Klassiker.

Spanische Schrumpelkartoffeln

ZUTATEN FÜR 4 PERSONEN:

800 g mehligkochende Kartoffeln
3 EL Meersalz

Die Kartoffeln gut waschen, nicht schälen und in einen Topf geben. So viel Wasser zugießen, dass die Kartoffeln nur noch ein klein wenig aus dem Wasser herausragen.

Das Meersalz darüberstreuen, umrühren und Kartoffeln ohne Deckel ca. 30 Minuten kochen, bis das Wasser vollständig verdampft ist.

Achtung: Den Topf dabei im Auge behalten, damit die unteren Kartoffeln nicht anbrennen.

Die Kartoffeln auf ausgeschalteter Herdplatte ausdampfen und trocknen lassen, bis die Salzkruste »hart« ist.

Die Rösti – ja, es heißt die Rösti – war früher eigentlich nur ein nahrhaftes Frühstück der hart arbeitenden Landwirte. Heute ist die Rösti in aller Munde – knusprig braun gebraten als Beilage oder als komplette Mahlzeit.

Schweizer Rösti

ZUTATEN FÜR 4 PERSONEN:

800 g festkochende Kartoffeln
Salz
Pfeffer
frisch geriebene Muskatnuss
Pflanzenöl zum Braten
40 g Butter

Die Kartoffeln waschen, schälen und nochmals waschen. Kartoffeln grob in eine Schüssel reiben, leicht salzen und 10 Minuten stehen lassen.

Den Backofen auf 90 °C Umluft vorheizen.

Die Kartoffelmasse in ein sauberes Geschirrtuch füllen, ausdrücken und wieder in die Schüssel geben. Mit Pfeffer und Muskatnuss würzen.

Die Masse in 4 Portionen aufteilen. Pflanzenöl in einer Pfanne erhitzen und 1 Teigportion hineingeben und verteilen. Dabei darauf achten, dass die Masse gleichmäßig dick und nicht »ausgefranst« ist, da diese Stellen schneller anbrennen würden.

Rösti bei geringer Hitze braten. Färben sich die Ränder braun, Rösti wenden und etwas Butter hinzugeben. Nach etwa 5 Minuten sollte auch die andere Seite goldbraun sein.

Rösti aus der Pfanne nehmen, im Backofen bei 60 °C Umluft warm halten und die restlichen zubereiten.

TIPP:
Als Variation einen Teil der Kartoffeln durch Hokkaido-Kürbis ersetzen, so entstehen wunderbare Kürbis-Rösti.

Bei den traditionellen und regionalen Rezepten ist es manchmal schwer, das Original festzumachen. Denn jeder Haushalt, jedes Dorf und jede Region hat ihre eigenen Rezeptvarianten. Am Ende ist es wie so oft Geschmackssache. Es sei denn, Oma hat es immer anders gemacht. Da gibt es nun wirklich keine Kompromisse.

Berner Rösti

ZUTATEN FÜR 4 PERSONEN:

800 g festkochende Kartoffeln
Salz
200 g Schinkenspeck
2 EL Butterschmalz

Kartoffeln gut waschen und in einem Topf mit kochendem Wasser und etwas Salz gar kochen.

Die Pellkartoffeln dann möglichst heiß pellen (so geht es leichter) und danach abkühlen lassen. Die Rösti werden perfekt, wenn die Pellkartoffeln eine ganze Nacht abgedeckt im Kühlschrank ruhen dürfen.

Den Backofen auf 90 °C Umluft vorheizen.

Den Speck fein würfeln.

Die Kartoffeln mit einer groben Reibe in eine Schüssel reiben. Die Masse in 4 Portionen aufteilen.

½ EL Butterschmalz in einer Pfanne erhitzen und 50 g Schinkenspeck darin braten. 1 Portion der Kartoffelmasse auf den Speck in der Pfanne geben. Die Rösti nur leicht in Form drücken, damit sie luftig bleibt. Bei geringer Hitze ca. 5 Minuten goldbraun braten, dann wenden und die andere Seite ebenfalls goldbraun braten.

Rösti aus der Pfanne nehmen und im Ofen warm halten, bis alle 4 Rösti fertig sind.

Wenn es um klassische Kartoffelrezepte geht, würden die wenigsten wohl an Pommes frites denken. Dabei können gleichmäßig mit der Hand geschnittene, in sauberem Öl knusprig frittierte Pommes frites eine wahre Offenbarung sein. Erfunden wurden sie als beste Beilage zu Fleisch mit höchstens etwas Kräuterbutter.

Pommes frites

ZUTATEN FÜR 4 PERSONEN:

1 kg große mehligkochende Kartoffeln
Pflanzenöl zum Frittieren
Salz

Die Kartoffeln waschen, schälen und nochmals waschen. Die Kartoffeln in gleichmäßige 1 cm dicke Scheiben schneiden. Aus den Scheiben 1 cm breite Stäbchen schneiden.

Das Frittieröl in einem Topf auf ca. 140 °C erwärmen und die Kartoffelstäbchen darin portionsweise 12 Minuten vorbacken.

Mit dem Schaumlöffel wieder herausnehmen und auf einem Rost abtropfen lassen.

Kurz vor dem Servieren das Öl auf 175 °C erhitzen.

Nun die vorgegarten Pommes frites ein zweites Mal frittieren, bis sie schön knusprig und goldgelb sind.

Mit einem Schaumlöffel herausnehmen, in eine große Schüssel geben, leicht salzen und dabei schwenken. Sofort servieren.

TIPP:
Die richtige Temperatur des Frittierfettes lässt sich einfach mit einem Holzlöffel bestimmen. Taucht man den hölzernen Stiel ins Fett und es zeigen sich kleine Blasen am Holz, ist die Temperatur genau richtig.

Genau wie die Pommes frites kommen auch die Pommes Pont Neuf aus der traditionellen Küche Frankreichs. Benannt sind sie nach der neunten Brücke über die Seine in Paris, welche so schöne dicke Pfeiler hat. Die Brückenpfeiler-Kartoffeln können deutlich mehr Soße aufnehmen als die schlanken Pommes frites.

Brückenpfeiler-Kartoffeln »Pommes Pont Neuf«

ZUTATEN FÜR 4 PERSONEN:

2 kg große festkochende Kartoffeln
Pflanzenöl zum Frittieren
Salz

Die Kartoffeln waschen, schälen und nochmals waschen. Kartoffeln in gleichmäßige 3 cm dicke Scheiben schneiden. Dann aus den Scheiben 3 cm breite und 4 cm lange »Pfeiler« schneiden.

Das Frittieröl in einem Topf auf ca. 140 °C erwärmen und die Kartoffelstücke darin portionsweise 17 Minuten vorbacken.

Mit einem Schöpflöffel herausnehmen und auf einem Rost abtropfen lassen.

Kurz vor dem Servieren das Frittieröl auf 175 °C Grad erhitzen. Die vorgegarten Pommes Pont Neuf ein zweites Mal 12 Minuten frittieren, bis sie knusprig und goldgelb sind.

Mit einem Schaumlöffel herausheben, in eine große Schüssel geben und leicht salzen. Sofort auf einem Teller angerichtet servieren.

TIPP:

Die richtige Temperatur des Frittierfettes lässt sich einfach mit einem Holzlöffel bestimmen. Taucht man den hölzernen Stiel ins Fett und es zeigen sich kleine Blasen am Holz, ist die Temperatur genau richtig.

Dieses Rezept gehört zu meinen privaten Lieblingsgerichten. Es ist wirklich schnell gemacht und ich bekomme oft Komplimente von Gästen dafür. Und mehr kann man als Koch ja nicht verlangen. Eine prima Beilage zu allen Grillgerichten, Kurzgebratenem oder einfach nur so mit Kräuterquark.

Knusper-Kartoffeln

ZUTATEN FÜR 4 PERSONEN:

800 g mehligkochende Kartoffeln
Salz
3 Knoblauchzehen
1 Zweig Thymian
1 Zweig Rosmarin
1 Zweig Salbei
3 EL Olivenöl
1 TL geräuchertes Paprikapulver
Salz und Pfeffer

Kartoffeln waschen, schälen und erneut waschen. Dann in einem Topf mit kochendem Wasser und etwas Salz gar kochen.

Währenddessen den Knoblauch schälen und in Würfel schneiden.

Den Backofen auf 200 °C Umluft vorheizen.
Die Kräuter waschen, trocken tupfen, die Nadeln und Blättchen abzupfen und zusammen mit dem Knoblauch, Olivenöl, Paprikapulver und etwas Salz und Pfeffer in einen Messbecher geben. Mit einem Stabmixer pürieren.

Das Wasser aus dem Topf mit den Kartoffeln abgießen und diese auf der ausgeschalteten Herdplatte etwas ausdampfen lassen.

Kartoffeln jetzt auf ein mit Backpapier ausgelegtes Backblech legen und mit einem Kartoffelstampfer leicht platt drücken, sodass die Kartoffeln alle ca. 1 ½ cm hoch sind. Dann Kartoffeln mithilfe eines Pinsels gleichmäßig mit der Öl-Kräuter-Mischung einstreichen.

Kartoffeln ca. 20 Minuten im Ofen rösten, bis sie braun und schön knusprig sind.

TIPP:
Die Kartoffeln eignen sich mit einem Dip als kleiner Snack, als Tapas-Variante oder als Beilage zum BBQ.

Interessanter Name für ein Kartoffelgericht, oder? Auch dieses hat eine lange Geschichte: Adolphe Dugléré war im 19. Jahrhundert ein überaus erfolgreicher Koch und machte 1866 sein Restaurant »Café Anglais« zum berühmtesten Restaurant in Paris. Er widmete dieses Rezept der schönen Anna. Ist das nicht romantisch?

Anna-Kartoffeln »Pommes Anna«

ZUTATEN FÜR 4 PERSONEN:

800 g festkochende Kartoffeln
50 g Butterschmalz
Salz und Pfeffer

Die Kartoffeln waschen, schälen und nochmals waschen. Dann mit einem Gemüsehobel in 3 mm dicke Scheiben hobeln.

Butterschmalz in einem kleinen Topf schmelzen. Den Backofen auf 200 °C Umluft vorheizen. Eine ofenfeste Pfanne mit Deckel (ca. 25 cm Durchmesser) mithilfe eines Pinsels mit dem Butterschmalz einfetten.

Nun in der Mitte der Pfanne beginnend eine Kartoffelscheibe nach der anderen spiralförmig und zur Hälfte überlappend in die Pfanne legen. Diese erste Schicht muss besonders gut gelegt sein, da die Form später gestürzt wird. Sobald eine Schicht komplett ist, diese mit Salz und Pfeffer würzen. Dann mit den restlichen Scheiben genauso verfahren, bis alle Scheiben aufgebraucht sind. Zum Schluss das restliche Butterschmalz gleichmäßig darüberträufeln und wieder mit Salz und Pfeffer würzen.

Die fertig belegte Pfanne nun bei geringer Hitze auf den Herd stellen, bis leichte Bratgeräusche zu hören sind. Dabei die Pfanne etwas schütteln, sodass die Kartoffelscheiben nicht festkleben können.

Nun den Deckel auflegen und Pfanne 30 Minuten in den Ofen stellen. Den Deckel abnehmen, nochmals etwas rütteln und Kartoffeln ohne Deckel weitere 30 Minuten backen, bis die oberen Kartoffelscheiben schön knusprig und braun sind.

Nun die Pfanne aus dem Ofen nehmen und Kartoffeln auf einen passenden vorgewärmten Teller stürzen. Sofort servieren.

TIPP:
Vor dem Stürzen bitte sicherstellen, dass die untersten Kartoffelscheiben nicht an der Pfanne festkleben.
Anna-Kartoffeln sehen auch hervorragend aus, wenn sie pro Portion in kleinen Pfannen serviert werden.

War ein Teil der Komposition eines französischen Lehrmeisters ein zartes Wachtelbrüstchen auf einer Trüffeljus, dann brauchte man auch eine feine Kartoffel, die zwar Farbe und Geschmack mitbringt, aber dennoch auf der Zunge zärtlich schmilzt. Voilà, da ist sie: die zart schmelzende Fondant- Kartoffel.

Fondant-Kartoffeln »Pommes fondantes«

ZUTATEN FÜR 4 PERSONEN:

1 kg festkochende gleich große Kartoffeln
2 Knoblauchzehen
2 EL Olivenöl
Salz und Pfeffer
50 g Butter
200 ml Gemüsebrühe
1 Zweig Thymian
1 Zweig Rosmarin

Die Kartoffeln waschen, schälen und nochmals waschen. Jeweils das obere und untere Ende der Kartoffel abschneiden, sodass ca. 5 cm hohe bauchige Zylinder entstehen. Achtung: Auch hier isst das Auge mit, deshalb sollten die Kartoffeln alle gleich aussehen.

Den Knoblauch schälen und in kleine Würfel schneiden.

Den Backofen auf 170 °C Umluft vorheizen.

Das Öl in einer Pfanne erhitzen und die Kartoffeln darin auf einer Schnittfläche goldbraun anbraten, dann umdrehen und die andere Schnittfläche ebenfalls rösten. Mit Salz und Pfeffer würzen.

Nun die Butter und den Knoblauch zu den Kartoffeln geben und den Knoblauch etwas anschwitzen.

Die Brühe angießen, alles mit einem Löffel verrühren und die Kartoffeln mit der Flüssigkeit übergießen.

Die Kräuter waschen und zwischen die Kartoffeln legen.

Die Pfanne in den Backofen stellen und die Kartoffeln ca. 30 Minuten garen. Dabei sollte die Brühe von den Kartoffeln aufgenommen werden bzw. verdampft sein und die Kartoffeln schmelzen.

Kartoffeln aus dem Ofen nehmen, mit frisch gemahlenem Pfeffer bestreuen und sofort servieren.

Auf der Suche nach immer neuen Kreationen für die wahrscheinlich gelangweilte feine Gesellschaft in Paris, entwickelte man in früherer Zeit stets neue Gerichte und Rezepte mit der einfachen Kartoffel. Ihr fragt euch jetzt zu Recht: Was soll ich nur mit den ganzen Kartoffelabschnitten tun? Wie wäre es mit Püree am nächsten Tag?

Nusskartoffeln und Pariser Kartoffeln »Pommes parisienne«

ZUTATEN FÜR 4 PERSONEN:

2 kg große festkochende Kartoffeln
Salz
40 g Butter
3 EL Demiglace (braune Soße) nach Belieben

Die Kartoffeln waschen, schälen und nochmals waschen. Aus den Kartoffeln mit einem Kugelausstecher gleichmäßige Kugeln ausstechen und in eine Schüssel mit kaltem Wasser legen.

In einem Topf leicht gesalzenes Wasser zum Kochen bringen und die Kartoffelkugeln darin 8 bis 10 Minuten vorgaren. Dann mit einem Schaumlöffel herausheben und auf einem Geschirrtuch trocknen lassen.

Die Butter in einer Pfanne erhitzen und die Kugeln darin bei schwacher Hitze goldbraun und gar braten. So entstehen die Nusskartoffeln.

Nach Belieben nun etwas Demiglace zugeben und die Kartoffeln einmal durchschwenken, schon sind daraus die vornehmen Pariser Kartoffeln geworden. Und die zählen noch heute zu den feinsten gebratenen Kartoffeln und passen gut zu allen gebratenen Gerichten.

TIPP:
Bei diesem Rezept bleiben große Mengen an ausgehöhlten Kartoffeln zurück. Diese kann man jedoch prima in Wasser lagern und am nächsten Tag für verschiedene Rezepte aus diesem Buch verwenden.

Durch die vielen kleinen Schnitte werden die Kartoffeln deutlich schneller gar und das Öl zieht schön ein. Und das Schneiden geht dank der Schaschlikspieße und mit etwas Übung bei jedem Mal schneller von der Hand. Allerdings fehlte Oma oft die Geduld, sodass diese Arbeit gern mit einem charmanten Lächeln delegiert wurde.

Fächerkartoffeln

ZUTATEN FÜR 4 PERSONEN:

8 mehligkochende Kartoffeln
3 Knoblauchzehen
3 EL Olivenöl
50 g geriebener Parmesan
Salz und Pfeffer

Den Backofen auf 180 °C Umluft vorheizen.

Die Kartoffeln gründlich waschen, der Länge nach halbieren und mit einem Messer fächerförmig und gleichmäßig tief einschneiden, aber nicht durchschneiden.

Tipp: Die halbe Kartoffel dabei zwischen zwei Schaschlikspieße legen und bis auf die Hölzer schneiden. So garantiert man gleichmäßige Schnitte, ohne die Kartoffelhälften zu durchtrennen.

Knoblauchzehen schälen, fein hacken und in eine Schüssel geben. Olivenöl, Parmesan, Salz und Pfeffer zufügen und alles gut vermengen.

Diese Mischung mit einem Pinsel gleichmäßig auf die Kartoffeln und in die Schnitte streichen. Kartoffeln dann auf ein mit Backpapier belegtes Backblech setzen und in ca. 45 Minuten im Ofen knusprig braun backen.

TIPP:

Wer möchte, kann die Kartoffeln auf dem Blech vor dem Backen noch mit frischen Kräutern, Gemüseraspeln oder geräuchertem Speck bestreuen.

Mein Vater hat im »Hotel Vier Jahreszeiten« in Hamburg gelernt und vor seiner Meisterprüfung in Paris gearbeitet. Ihm ist es zuzuschreiben, dass diese feine Kartoffel in unserem Landgasthof bekannt und gern gegessen wurde.

Schlosskartoffeln »Pommes château«

ZUTATEN FÜR 4 PERSONEN:

2 kg große festkochende Kartoffeln
Salz
40 g Butter

Die Kartoffeln waschen, schälen und nochmals waschen. Dann Kartoffeln oben und unten etwas kürzen, sodass stumpfe Enden entstehen. Jetzt gleichmäßig achteln.

Jedes Achtel mit möglichst gleichmäßigen und wenigen Schnitten halbmondförmig tournieren. Das bedeutet in Form bringen.

In einem Topf leicht gesalzenes Wasser zum Kochen bringen und Kartoffeln darin 8 bis 10 Minuten vorgaren.

Mit einem Schaumlöffel herausheben und auf einem Geschirrtuch trocknen lassen.

Die Butter in einer Pfanne erhitzen und die Schlosskartoffeln darin bei schwacher Hitze goldbraun und gar braten.

TIPP:
Bei diesem Rezept bleiben große Mengen an Kartoffelresten zurück. Diese kann man jedoch prima in Wasser lagern und am nächsten Tag für verschiedene Rezepte aus diesem Buch verwenden.
Auch die Schlosskartoffel ist eine feine Kartoffelbeilage, die gut zu allen gebratenen Gerichten passt.

Kartoffel-gerichte

Dieses Kartoffelgericht ist ein kleiner Imbiss. Schnell gemacht und äußerst lecker. Und das Allerbeste: Ihr könnt die Füllung nach Lust und Laune oder den Vorräten aus dem Kühlschrank variieren. Kleinere Kartoffeln, die nach diesem Rezept zubereitet werden, sind eine schöne Tapas-Variante oder Fingerfood.

Gefüllte Ofenkartoffeln

ZUTATEN FÜR 4 PERSONEN:

4 sehr große mehligkochende Kartoffeln
Salz
2 Eier
1 Tomate
100 g Feta
½ Bund Frühlingszwiebeln
1 Handvoll Basilikumblätter
Pfeffer

Kartoffeln gut waschen und in einem Topf mit kochendem Wasser und etwas Salz gar kochen.

Die Pellkartoffeln dann möglichst heiß pellen (so geht es leichter) und danach abkühlen lassen.

Den Backofen auf 180 °C Umluft vorheizen.

Waagerecht einen »Deckel« von den Kartoffeln abschneiden. Auf der unteren Seite ebenfalls etwas wegschneiden, damit die Kartoffeln gut aufliegen und nicht zur Seite rollen. Jetzt mit einem kleinen Löffel das Innere der Kartoffeln herausnehmen. Dabei nicht zu dicht an den Rand gehen, damit die Kartoffelwand stabil bleibt. Kartoffeln auf ein mit Backpapier belegtes Blech setzen.

Für die Füllung Eier mit dem Schneebesen aufschlagen.

Die Tomate waschen, vom Strunk befreien, vierteln und das Innere herausschneiden. Die Tomatenviertel nun fein würfeln. Den Feta mit der Hand zerkrümeln.

Die Frühlingszwiebeln putzen, waschen und in feine Ringe schneiden. Das Basilikum waschen, trocken schütteln und klein schneiden.

Tomaten, Feta, Frühlingszwiebeln, Basilikum, Salz und Pfeffer zu den Eiern geben und alles vermengen. Die Hälfte von dem herausgenommenen Kartoffelinneren untermischen.

Masse in die Kartoffeln füllen und Kartoffeln 20 Minuten im Ofen backen.

Die Tortilla habe ich erst in Spanien kennengelernt und war überrascht über die Ähnlichkeit zum Bauernfrühstück, das in der Küche meines Elternhauses zubereitet und mit Gewürzgurkenscheiben serviert wurde. Für so ein Omelett aus Eiern, Schinken und Kartoffeln braucht man schon ordentlich Appetit.

Tortilla oder Bauernfrühstück

ZUTATEN FÜR 4 PERSONEN:

800 g festkochende Kartoffeln
4 EL Olivenöl
Salz und Pfeffer
3 Zwiebeln
8 Eier
1 TL geräuchertes Paprikapulver

Die Kartoffeln waschen, schälen und nochmals waschen. Dann in möglichst gleichmäßige, 1 cm große Würfel schneiden.

Das Olivenöl in einer nicht klebenden, ofenfesten Pfanne erhitzen und die Kartoffeln darin bei mittlerer Temperatur gar braten. Leicht salzen und pfeffern. Die Pfanne dabei oft schwenken, sodass die Kartoffelwürfel gleichmäßig gar werden.

In der Zwischenzeit die Zwiebeln schälen und in kleine Würfel schneiden.

Die Eier in eine Schüssel aufschlagen und mit dem Schneebesen verquirlen.

Den Backofen auf 200 °C Umluft vorheizen.

Sind die Kartoffeln gar, die Temperatur deutlich erhöhen, sodass die Kartoffeln etwas Farbe annehmen.

Die Zwiebelwürfel auf die gebräunten Kartoffeln geben und ebenfalls kurz anbraten. Zum Schluss das geräucherte Paprikapulver darüberstreuen und kurz anschwitzen. Achtung: Nicht verbrennen lassen!

Die Eier zu den Kartoffeln geben und alles gut verrühren und kurz anbraten, sodass die untere Schicht des Omeletts stockt und leicht braun wird.

Nun die Pfanne in den vorgeheizten Backofen stellen und das Omelett 10 Minuten stocken lassen.

Pfanne aus dem Ofen nehmen und mit einem beherzten Schwung das Omelett auf eine vorgewärmte Platte stürzen.

Als Beilage bietet sich ein frischer bunter Salat an.

TIPP:
Das in Deutschland bekannte Bauernfrühstück oder Bauernomelett wird ganz ähnlich zubereitet. Jedoch werden meist Bratkartoffeln aus gekochten Pellkartoffeln mit Schinkenwürfeln angebraten und daraus wird ein Omelett gemacht, das mit Gewürzgurken garniert wird.

Die Kartoffeln macht viele Aufläufe und Eintöpfe durch ihre Stärke sämiger und so leichter zu essen. Und in manchen Rezepten durfte die sie auch noch wunderschön aussehen. Wie hier in diesem oft mit Lamm gekochten Hirtengericht als schmückende letzte Schicht, die auch hübsch verziert werden kann.

Shepherd's Pie

ZUTATEN FÜR 4 PERSONEN:

600 g Kartoffeln
Salz
1 Zwiebel
2 Knoblauchzehen
2 EL Pflanzenöl
800 g Rinderhackfleisch
Pfeffer
3 Karotten
100 g TK-Erbsen
1 Zweig Rosmarin
1 Lorbeerblatt
600 ml passierte Tomaten
100 ml Milch
frisch geriebene Muskatnuss
40 g Butter
Fett für die Form

Kartoffeln waschen, schälen und nochmals waschen und in leicht gesalzenem Wasser gar kochen. Inzwischen Zwiebel und Knoblauch schälen und in feine Würfel schneiden.

Öl in eine Pfanne geben und erhitzen. Das Hackfleisch darin scharf anbraten und mit Salz und Pfeffer würzen.

In der Zwischenzeit die Karotten putzen, schälen und mit einer groben Reibe in eine Schüssel reiben.

Sobald das Hackfleisch angebraten ist und Farbe angenommen hat, Zwiebeln und Knoblauch dazugeben und glasig anschwitzen. Karotten zufügen und ebenfalls kurz mitanschwitzen.

Erbsen, Rosmarin und Lorbeerblatt sowie die passierten Tomaten zugeben. Bei geringer Temperatur ca. 10 Minuten köcheln lassen. Wenn dieser Ansatz zu trocken erscheint, einfach etwas Kartoffelwasser zugießen.

Den Backofen auf 200 °C Ober-/Unterhitze vorheizen. Wasser aus dem Topf mit den gekochten Kartoffeln abgießen und diese auf der ausgeschalteten Herdplatte etwas ausdampfen lassen.

Dann mit dem Gemüsestampfer zerstampfen, Milch dazugeben und Püree daraus machen. Muskatnuss und Butter unterrühren.

Hackfleisch- Tomaten-Masse in eine gefettete Auflaufform füllen und glatt streichen. Das Kartoffelpüree flächendeckend darauf verteilen.

Form in den Ofen schieben und Pie ca. 30 Minuten backen, bis das Kartoffelpüree eine leichte braune Kruste entwickelt.

Neben Suppen und Aufläufen spielen bei den Kartoffelrezepten auch die Eintöpfe eine große Rolle. Und natürlich macht es Sinn, gleich für den nächsten Tag mitzukochen. Wie wir alle wissen, schmeckt so ein Eintopf am nächsten Tag noch viel besser. Und so ist es auch bei diesem Rezept. Versprochen!

Kartoffel-Hackfleisch-Topf

ZUTATEN FÜR 4 PERSONEN:

800 g festkochende Kartoffeln
200 g Karotten
2 Zwiebeln
2 Knoblauchzehen
3 Paprikaschoten
1 EL Pflanzenöl
500 g gemischtes Hackfleisch
Salz und Pfeffer
2 EL edelsüßes Paprikapulver
2 EL Tomatenmark
400 ml Gemüsebrühe
400 ml passierte Tomaten
½ Bund Petersilie

Die Kartoffeln waschen, schälen und nochmals waschen. Dann in gleichmäßige, 1 cm große Würfel schneiden.

Karotten, Zwiebeln und den Knoblauch schälen und in feine Würfel schneiden.

Paprika waschen, putzen und in nicht zu kleine Würfel schneiden.

Öl in einem Topf erhitzen und das Hackfleisch darin krümelig und braun braten. Karotten, Knoblauch und Zwiebel dazugeben und kurz mitbraten. Mit Salz und Pfeffer würzen.

Das Paprikapulver und das Tomatenmark einrühren und leicht anschwitzen. Achtung: Nicht verbrennen lassen.

Alles mit der Brühe ablöschen, die passierten Tomaten dazugeben und aufkochen lassen.

Nun die Kartoffel- und Paprikawürfel hinzufügen und alles unter gelegentlichem Rühren 25–30 Minuten bei mittlerer Hitze köcheln lassen. Mit Salz und Pfeffer abschmecken.

Die Petersilie waschen, trocken schleudern, fein hacken und den fertigen Eintopf damit garnieren.

TIPP:
Um den Eintopf bunter zu gestalten, empfiehlt es sich, drei verschiedenfarbige Paprikaschoten zu verwenden. Auch ein wenig Mais ist eine großartige Ergänzung.
Als Beilage zum Eintopf eignen sich frisches Brot und etwas Sour Cream.

Was wäre die Seefahrt ohne die Kartoffeln? Sie hielten sich neben Sauerkonserven und gepökeltem Fleisch auch ungekühlt lange im Bauch der Schiffe. Und genau das sind die wichtigsten Zutaten für ein Seemanns-Labskaus, das am besten mit Spiegeleiern, Gewürzgurken und Rollmops serviert wird.

Seemanns-Labskaus

ZUTATEN FÜR 4 PERSONEN:

500 g gepökeltes Rindfleisch
1 EL Pfefferkörner
1 Lorbeerblatt
2 Gewürznelken
3 Zwiebeln
500 g mehligkochende Kartoffeln
Salz
150 g Gewürzgurken
150 g Rote Bete aus dem Glas
1 EL Schweineschmalz
1 1/2 TL mittelscharfer Senf
Pfeffer

Gepökeltes Rindfleisch und Pfefferkörner mit kaltem Wasser in einen Topf geben und zum Kochen bringen.

Lorbeerblatt und Nelken an 1 Zwiebel feststecken. Zwiebel zum Fleisch geben und dieses 2 Stunden köcheln lassen.

Die Kartoffeln waschen, schälen und nochmals waschen. Dann in einem Topf mit leicht gesalzenem Wasser gar kochen.

Die restlichen Zwiebeln schälen und in feine Würfel schneiden.

Das Wasser aus dem Topf mit den Kartoffeln abgießen und diese auf der ausgeschalteten Herdplatte ausdampfen lassen.

Das gekochte Fleisch aus dem Topf nehmen (die Kochbrühe beiseitestellen) und durch einen Fleischwolf mit mittlerer Lochscheibe in eine Schüssel drehen. Gewürzgurken und Rote Bete ebenfalls durch den Wolf drehen.

Schweineschmalz in einem Topf erhitzen und Zwiebelwürfel darin glasig anschwitzen. Anschließend das gewolfte Fleisch dazugeben und ebenfalls anschwitzen. Nach kurzer Zeit mit 500 ml der Kochbrühe auffüllen.

Die Kartoffeln mit einer Kartoffelpresse in den Topf pressen, Senf und Gewürzgurken dazugeben und bei geringer Hitze alles verrühren. Evtl. noch etwas Brühe dazugeben. Das Labskaus soll nicht zu flüssig, aber saftig und cremig werden.

Rote Bete und auch etwas Saft der Roten Bete untermischen, sodass eine schöne Farbe entsteht. Mit Salz und Pfeffer abschmecken.

TIPP:

Als Beilage Spiegeleier, Rollmops und Gewürzgurken dazu servieren.

Mein lieber Freund Michel hat mir einmal aus seiner Heimat, dem Elsass, die typische bunte Keramikform mitgebracht. Die haben wir dann mit dem nachfolgenden Rezept aus seinem Dorf eingeweiht.

Elsässer Bäckerofen

ZUTATEN FÜR 4 PERSONEN:

300 g Schweineschulter
300 g Lammschulter
300 g Rindfleisch aus dem Nacken
750 ml Riesling
2 Lorbeerblätter
2 Gewürznelken
1 TL Pimentkörner
1 EL Pfefferkörner
2 Zweige Thymian
2 Knoblauchzehen
1 EL Salz
2 Karotten
½ Stange Lauch
2 Zwiebeln
800 g festkochende Kartoffeln
½ Bund Petersilie

Die verschiedenen Fleischsorten in einen Topf geben und mit dem Weißwein aufgießen, bis das Fleisch damit bedeckt ist. Die Gewürze in ein Teeei füllen und dieses mit dem Thymian zum Fleisch geben.

Den Knoblauch schälen, klein schneiden und ebenfalls zufügen Zum Schluss noch das Salz einstreuen und den Topf mit einem Deckel verschließen.

Das Ganze kommt jetzt für 4 Tage in den Kühlschrank.

Am Tag der Zubereitung den Backofen auf 180 °C Umluft vorheizen. Karotten putzen, schälen, Lauch putzen und waschen und beides grob würfeln. Zwiebeln schälen und würfeln.

Die Kartoffeln waschen, schälen und nochmals waschen. Dann in Scheiben schneiden.

Das Fleisch aus dem Topf heben und auf einem Sieb abtropfen lassen, dabei den Wein auffangen.

Jetzt wird geschichtet: Zuerst die Hälfte der Kartoffelscheiben in einen Bräter geben, dann die Hälfte der Karotten, des Lauchs, der Zwiebeln und schließlich das Fleisch.

Anschließend eine weitere Gemüseschicht daraufgeben, aber diesmal andersherum, erst die restlichen Zwiebeln, den Lauch, die Karotten und zum Schluss die Kartoffeln.

So viel von dem Wein, der zum Einlegen verwendet wurde, zugießen, bis dieser an der obersten Schicht Kartoffeln zu sehen ist. Das Teeei vom Einlegen wieder dazugeben und Bräter mit dem Deckel verschließen.

Den Auflauf 2 Stunden in den Ofen stellen. Dann Temperatur auf 150 °C reduzieren und Auflauf weitere 2 Stunden schmoren.

Währenddessen die Petersilie waschen, trocken schleudern und fein hacken.

Die Kartoffeln sollten zum Schluss die gesamte Flüssigkeit aufgesogen haben und das Fleisch gar und zart sein. Auflauf mit der gehackten Petersilie bestreuen und im Topf servieren.

TIPP:
Traditionell wird der Bäckerofen in einem typischen elsässischen Tontopf zubereitet. Ein normaler Bräter oder Römertopf funktioniert aber auch sehr gut.

Ein wunderbares Kartoffelgericht aus Griechenland, in dem sich meist die Auberginen in den Vordergrund drängen, und das völlig zu Unrecht. Spielen sie doch eigentlich nur eine Nebenrolle, während die Kartoffel erst alles zusammenfügt und vollendet.

Moussaka

ZUTATEN FÜR 4 PERSONEN:

2 Auberginen
Salz
800 g festkochende Kartoffeln
Pflanzenöl zum Braten
1 Zwiebel
1 Knoblauchzehe
3 Strauchtomaten
400 g Rinderhackfleisch
300 ml passierte Tomaten
Pfeffer
½ TL Zimt
30 g Butter
30 g Mehl
500 ml Milch
frisch geriebene Muskatnuss
150 g geriebener Hartkäse
2 Eier

Auberginen waschen, putzen und in 5 mm dicke Scheiben schneiden. Die Scheiben leicht salzen und auf einem Geschirrtuch auslegen. Kartoffeln waschen, schälen und nochmals waschen. Dann in feine Scheiben schneiden.

Die Auberginen nach dem Wasserziehen etwas abtrocknen. Die Auberginenscheiben in einem Bräter mit etwas Öl von beiden Seiten anbraten, herausnehmen und auf Küchenpapier legen. Im gleichen Bräter nun die Kartoffelscheiben portionsweise anbraten, sodass sie etwas Farbe bekommen, wieder herausnehmen und ebenfalls auf Küchenpapier abtropfen lassen.

Zwiebel und Knoblauch schälen, Strauchtomaten waschen, vom Strunk befreien und alles in feine Würfel schneiden.

Wiederum im gleichen Bräter das Hackfleisch, Zwiebeln und Knoblauch anbraten. Die passierten und die frischen Tomaten hinzugeben und mit Salz, Pfeffer und Zimt würzen. So lange köcheln lassen, bis die Feuchtigkeit verdunstet ist. Währenddessen den Backofen auf 180 °C Umluft vorheizen.

In einem zweiten Topf die Butter schmelzen und dann das Mehl einrühren und anschwitzen. Etwas Milch zugießen und mit dem Kochlöffel verrühren. Dickt die Mehlschwitze an, mehr Milch zugeben. Beim Rühren nun zum Schneebesen wechseln, damit keine Klumpen entstehen. Ist die gesamte Milch eingearbeitet, Soße aufkochen lassen und mit Salz, Pfeffer und Muskatnuss abschmecken. Die Hälfte des geriebenen Hartkäses und die beiden Eier einrühren und Topf beiseitestellen.

Den benutzten Bräter mit der Hälfte der Auberginen und der gebratenen Kartoffelscheiben füllen. Mit Salz, Pfeffer und etwas Muskat würzen. Die Hackfleischmasse gleichmäßig darauf verteilen und mit den restlichen Auberginen und Kartoffeln belegen. Die Béchamelsoße daraufgeben und mit dem restlichen Käse bestreuen.

Den Auflauf 40 Minuten im Ofen backen.

In Omas Kochbuch taucht dieses Gericht natürlich nicht auf, aber sicher in dem Kochbuch einer koreanischen Großmutter. Mit all den Aromen der asiatischen Küche zeigt die Kartoffel ihre Wandlungsfähigkeit. Für mich ist dieses Rezept ein wunderbarer Begleiter für Fisch- oder Garnelengerichte.

Koreanische Schmorkartoffeln

ZUTATEN FÜR 4 PERSONEN:

800 g festkochende Kartoffeln
1 Zwiebel
2 Knoblauchzehen
1 milder Chili
1 EL Pflanzenöl
150 ml Wasser
5 EL helle Sojasoße
2 EL Honig
1 EL Sesam

Die Kartoffeln waschen, schälen und nochmals waschen. Dann in gleichmäßige, 1 cm große Würfel schneiden.

Die Zwiebel schälen, halbieren und auseinanderblättern.

Den Knoblauch schälen, den Chili waschen und putzen und beides in feine Würfel schneiden.

Öl in einer Pfanne erhitzen und Kartoffelwürfel darin knusprig braun braten. Knoblauch, Zwiebeln und Chili dazugeben und kurz mitanschwitzen.

Währenddessen das Wasser in einer Schüssel mit der Sojasoße und dem Honig verrühren und dann zu den Kartoffeln geben. 10 Minuten köcheln lassen, dabei sollten die Kartoffeln das Wasser komplett aufnehmen.

Zum Schluss Kartoffeln mit dem Sesam bestreuen und heiß servieren.

Kartoffel mal anders

Bei uns zu Hause hat Oma unglaublich viel gebacken. Alle Kuchen und Torten kamen aus ihrer Kuchenecke. Dort hatte außer ihr niemand etwas zu suchen. Denn Oma hatte es immer eilig, wenn viele Gäste angekündigt waren. Anders verhielt es sich mit dem Brot, das war Sache der Köche. Denn Brot ist ja kein Kuchen.

Kartoffelbrot

ZUTATEN FÜR 4 PERSONEN:

150 g mehligkochende Kartoffeln
½ TL Salz
1 EL Honig
250 ml laumwarmes Wasser
½ Würfel Hefe
½ EL Kurkumapulver
250 g Weizenmehl Type 405 + mehr für die Arbeitsfläche
250 g Weizenvollkornmehl
1 EL Öl

Kartoffeln gut waschen und in einem Topf mit kochendem Wasser und etwas Salz gar kochen.

Die Pellkartoffeln dann möglichst heiß pellen (so geht es leichter) und danach abkühlen lassen. Dann Kartoffeln mit einer groben Reibe in eine Schüssel reiben.

Den Backofen auf 40 °C Umluft vorheizen.

In einem Messbecher Honig, Wasser und Hefe verrühren, bis sich die Hefe aufgelöst hat. Becher zugedeckt an einem warmen Ort stehen lassen, bis sich durch die Hefe ein deutlicher Schaum gebildet hat.

Das Kurkumapulver und die beiden Mehlsorten in eine Schüssel geben und die geraspelten Kartoffeln zufügen. Salz, Öl und das schäumende Hefegemisch ebenfalls zugeben und alles mit der Hand zu einem glatten Teig verkneten. (Mit einer Küchenmaschine geht es deutlich einfacher, macht aber weniger Spaß.)

Die Schüssel mit einem Tuch bedecken und Teig ca. 30 Minuten im Ofen gehen lassen.

Danach den Teig auf eine bemehlte Fläche geben und zu einer Kugel kneten. Die Teigkugel auf ein mit Backpapier belegtes Blech setzen, nach Belieben einritzen und leicht bemehlen. Ein Tuch darüberlegen und Brot nochmals 30 Minuten bei maximal 40 °C im Ofen gehen lassen.

Anschließend das Tuch entfernen, das Blech im Ofen belassen und den Ofen auf 200 °C stellen und Brot 45 Minuten backen.

Fliederbeersuppe mit Froschaugen (Sago) und Apfelstückchen und Omas Kirschkaltschale waren im Hochsommer unsere Hauptmahlzeiten. Herrlich kühl und fruchtig. Und wenn für uns Kinder alles gut lief, hatte sie die allerbeste Suppeneinlage zubereitet. Quarkkeulchen! Goldbraun gebraten und nach Butter duftend.

Kartoffel-Quarkkeulchen

ZUTATEN FÜR 4 PERSONEN:

500 g mehligkochende Kartoffeln
Salz
50 g Weizenmehl Type 405
250 g Magerquark
1 Eigelb
50 g Zucker
1 Prise Salz
1 Bio-Zitrone
Butterschmalz zum Braten
Puderzucker zum Bestreuen
Apfelmus oder Fliederbeersuppe nach Belieben

Die Kartoffeln gut waschen, dann in einem Topf mit Wasser und etwas Salz gar kochen.

Währenddessen den Backofen auf 140 °C Umluft vorheizen.

Das Wasser aus dem Topf mit den gekochten Kartoffeln abgießen, die Kartoffeln mit einer Gabel mehrmals anstechen, auf ein Backblech legen und im Backofen ausdampfen lassen. Noch heiß pellen und dann mit einer Kartoffelpresse in eine Schüssel pressen.

Mehl, Quark, Ei, Zucker und Salz dazugeben.

Die Zitrone waschen, abtrocknen und die Schale in die Schüssel reiben.

Alles gut vermengen, bis ein glatter Teig entsteht, und daraus kleine, 1 cm dicke Scheiben formen.

In einer Pfanne Butterschmalz erhitzen und Keulchen darin bei mittlerer Temperatur von beiden Seiten goldbraun braten. Dabei gern mehrmals wenden.

Zum Servieren mit Puderzucker bestreuen und mit Apfelmus oder Fliederbeersuppe genießen.

TIPP:

Wer eine stabile Kartoffelpresse zu Hause hat, kann die ungepellten Kartoffeln einfach so durchdrücken. Das Großartige dabei ist, dass die Schale in der Presse bleibt. So spart man sich das Pellen der heißen Kartoffel.

Und schon wieder zeigt sich die Kartoffel von einer anderen Seite. Wenn Freunde zu Besuch waren, genossen sie Omas Kuchen. Erstaunt waren sie nur, als sie hörten, dass Kartoffeln enthalten waren. Trotzdem nahm jeder gern ein zweites Stück mit zum Spielen nach draußen.

Süßer Kartoffelkuchen

ZUTATEN FÜR 4 PERSONEN:

500 g festkochende Kartoffeln
Salz
6 Eier
250 g Zucker
1 Bio-Zitrone
20 g gemahlene Mandeln
100 g Grieß
Butter für die Form
Paniermehl für die Form
Puderzucker zum Bestreuen

Den Backofen auf 140 °C Umluft vorheizen.

Die Kartoffeln waschen und in einem Topf mit Wasser und etwas Salz fast gar kochen. Das Wasser aus dem Topf mit den Kartoffeln abgießen, die Kartoffeln mit einer Gabel mehrmals anstechen, auf ein Backblech legen und im Backofen ausdampfen lassen. Dann heiß pellen und abkühlen lassen.

Die Temperatur des Backofens auf 160 °C Umluft erhöhen.

Kartoffeln mit einer groben Reibe in eine Schüssel reiben. Die Eier trennen und das Eigelb mit der Hälfte des Zuckers in eine Schüssel geben und mit dem Schneebesen schaumig rühren.

Das Eiweiß in einer zweiten Schüssel mit dem Handrührgerät steif schlagen, dabei den restlichen Zucker einrieseln lassen.

Zitrone waschen, abtrocknen und von der Hälfte die Schale abreiben. Dann die Frucht auspressen. Zitronenabrieb, Zitronensaft, Mandeln und Grieß zur Eigelbmasse geben und glatt rühren. Nach und nach die geriebenen Kartoffeln untermischen.

Zum Schluss den Eischnee unterheben. Dabei bitte nicht rühren, sondern mit einem Löffel unterheben, damit der Kuchen später schön locker wird.

Eine Springform (26 cm Durchmesser) mit Butter einfetten, mit Paniermehl ausstreuen und mit dem Teig füllen. Kuchen 90 Minuten im Ofen backen. Dann herausnehmen, auskühlen lassen und vor dem Servieren dick mit Puderzucker bestreuen.

TIPP:
Mit einer Glasur aus Puderzucker und Zitronensaft bleibt der Kuchen noch länger frisch und saftig.

Zutatenregister

Rezeptregister

Omas Backstube
Omas Küche
Calle

Bibliografische Information der Deutschen Nationalbibliothek
Die Deutsche Nationalbibliothek verzeichnet diese Publikation in der Deutschen Nationalbibliografie. Detaillierte bibliografische Daten sind im Internet über http://dnb.d-nb.de abrufbar.

Für Fragen und Anregungen
info@m-vg.de

Wichtiger Hinweis
Ausschließlich zum Zweck der besseren Lesbarkeit wurde auf eine genderspezifische Schreibweise sowie eine Mehrfachbezeichnung verzichtet. Alle personenbezogenen Bezeichnungen sind somit geschlechtsneutral zu verstehen.

Originalausgabe
1. Auflage 2024

Türkenstraße 89
80799 München
Tel.: 089 651285-0

Redaktion: Caroline Kazianka
Umschlaggestaltung: Isabella Dorsch
Umschlagabbildungen: Vorderseite: Stephanie Just; Rückseite: Autorenbild: Sascha Koglin, Rezeptbilder: Susi Franc
Abbildungen Innenteil: S. 4, 6, 8, 16, 30, 48, 64, 72, 98, 116, 127: Sascha Koglin; S. 19, 35, 71, 75, 110: Stephanie Just; alle anderen Bilder: Susi Franc
Layout und Satz: inpunkt[w]o, Wilnsdorf (www.inpunktwo.de)
Druck: Firmengruppe APPL, aprinta Druck, Wemding
Printed in Germany

ISBN Print 978-3-7423-2640-9
ISBN E-Book (PDF) 978-3-7453-0733-7
ISBN E-Book (EPUB, Mobi) 978-3-7453-1030-6

Weitere Informationen zum Verlag finden Sie unter

www.rivaverlag.de
Beachten Sie auch unsere weiteren Verlage unter www.m-vg.de